Fortschrittlich aus Tradition

150 Jahre Deutsche Bank in Bremen

Fortschrittlich aus Tradition

150 Jahre Deutsche Bank in Bremen

Martin L. Müller

Die Deutsche Nationalbibliothek verzeichnet diese Publikation
in der Deutschen Nationalbibliografie; detaillierte bibliografische
Daten sind im Internet über http://dnb.dnb.de abrufbar.

1. Auflage 2021
Herausgeber: Historische Gesellschaft der Deutschen Bank e.V.

Gesamtherstellung:
Carl Schünemann Verlag – Corporate Media seit 1810
www.schuenemann-verlag.de/auftragsarbeiten

Printed in EU 2021

Ergänzte und völlig überarbeitete Ausgabe von
Manfred Pohl / Angelika Raab-Rebentisch,
Die Deutsche Bank in Bremen 1871–1996, München 1996.

Titel- und Kapitelaufschlagseiten:
neumanns Kommunikation, Frankfurt am Main
Titelbild: Mark König, unsplash

FSC www.fsc.org MIX Papier aus verantwortungsvollen Quellen FSC® C018236

Klimaneutral Druckprodukt ClimatePartner.com/12995-2103-1016

Inhalt

Vorwort

Liebe Leserinnen und Leser,

vor 150 Jahren war es so weit: Am 1. Juli 1871 eröffnete die Deutsche Bank in Bremen ihre erste Filiale überhaupt. Die Geschichte unserer Bank hatte gerade einmal 15 Monate zuvor in einem unscheinbaren Haus in der Französischen Straße in Berlin begonnen. Von Beginn an war es ihr Ziel, heimischen Unternehmen Handel und Investitionen weltweit zu ermöglichen. Und was lag da näher, als die ersten Filialen in den Zentren des deutschen Außenhandels zu eröffnen – den großen Hafenstädten. Bremen, das damals im transatlantischen Handel führend war, hatte im Wettlauf um die erste Niederlassung schließlich die Nase vorn. Hamburg folgte wenig später im Januar 1872. Konsequent baute die Deutsche Bank im Anschluss ihr internationales Geschäft weiter aus. Noch im gleichen Jahr folgten die Filialeröffnungen in China und Japan, und seit 1873 ist die Bank im Weltfinanzzentrum London mit einer eigenen Niederlassung vertreten. Der Anspruch, der sich daraus ableitet, ist heute derselbe wie damals: Wir wollen Deutschlands globale und universale Hausbank sein.

Die Finanzierung des Im- und Exportgeschäfts war die Domäne der Filiale Bremen. Kredite für Baumwollimporte machten den Bremer Großkaufmann und Textilindustriellen Ludwig Knoop zum bedeutendsten Kunden der Deutschen Bank in ihrem ersten Jahrzehnt. Der Beginn des Ersten Weltkriegs war ein tiefer Einschnitt für die Deutsche Bank und ihre Bremer Filiale, ging doch das internationale Geschäft schlagartig verloren. In der Zwischenkriegszeit konnte die einstige Bedeutung nie ganz wiedererlangt werden, und am Ende des Zweiten Weltkriegs waren die Auslandsmärkte unerreichbar. Erst mit dem „Wirtschaftswunder" der 1950er-Jahre gewann der Außenhandel rasch wieder an Dynamik. 1971 – im Jahr ihres 100-jährigen Bestehens – hatte die Filiale Bremen den höchsten Anteil aller Zweigstellen an den Erträgen im Auslandsgeschäft der Deutschen Bank.

Auch wenn die Außenhandelsfinanzierung für die Deutsche Bank in Bremen noch immer wichtig ist, so betreiben wir längst auch ein breites Firmen- und Privatkundengeschäft und bieten ein vielfältiges Spektrum an Finanzierungsleistungen an – inklusive umfassender digitaler Angebote. Dabei ist es unverändert unser Anspruch, insbesondere für Unternehmenskunden die führende Bank in Deutschland und Europa zu sein – für Selbstständige und Gewerbetreibende, Geschäftskunden und mittelständische Firmen bis hin zu Großkonzernen mit globaler Ausrichtung.

In ihrem Marktgebiet zwischen Weser und Ems betreut die Deutsche Bank Bremen heute knapp 200.000 Kunden, davon rund 64.000 in Bremen und Bremerhaven. Seit 150 Jahren verbindet die Deutsche Bank in Bremen Welten und hilft Menschen und Unternehmen, ihre Ziele zu erreichen. Es ist ein Kapitel in unserer Geschichte, auf das wir stolz sein können – und an dem wir weiter fleißig schreiben werden.

Ihr

Christian Sewing

Vorsitzender des Vorstands
Deutsche Bank AG

01

Gründerzeit in Berlin und Bremen

Die Bremer Filiale einer neuen Außenhandelsbank

Die Bank, deren erste Filiale am 1. Juli 1871 in der Katharinenstraße 6 im Zentrum der Bremer Altstadt eröffnet wurde, war selbst kaum mehr als ein Jahr alt. Erst im März 1870 hatte sie vom preußischen König die Konzession erhalten und vier Wochen später das Geschäft am Hauptsitz in Berlin eröffnet. Ihr Name – Deutsche Bank – war Programm. Hauptziel war es, den deutschen Außenhandel aus der Abhängigkeit von Londoner Finanzhäusern zu befreien und den Kunden günstige Kreditkonditionen anzubieten.

Die *Weser-Zeitung,* das „politisch-merkantile Handelsblatt" aus Bremen, kommentierte die Eröffnung der Filiale äußerst wohlwollend: „Die Bremer Filiale der Deutschen Bank [...] wird vielleicht noch mehr als das Berliner Hauptinstitut der unterscheidenden specifischen Aufgabe dieser Bank dienen: Vermittelung und Erleichterung des überseeischen Geschäfts durch Eröffnung von Crediten für ihre Kunden in England, solange London als Zahlungsplatz nicht zu umgehen ist. In weiter Ferne winkt natürlich

Die Deutsche Bank,
Aktien-Gesellschaft in Berlin
(Grundkapital Fünf Millionen Thaler)
hat in **Bremen** eine Filiale unter der Firma:
Bremer Filiale
der Deutschen Bank, Aktien-Gesellschaft
errichtet, welche am 1. Juli a. c. ihre Wirksamkeit unter Leitung der Herren **G. F. Krüger & F. von der Heyde** beginnen wird.
Berlin, den 30. Juni 1871.
Der Verwaltungsrath
der Deutschen Bank, Aktien-Gesellschaft.
[2892] **Delbrück.**

Anzeige zur Eröffnung der Bremer Filiale der Deutschen Bank in der Zeitung *Der Aktionär.*

gerade durch Unternehmungen wie diese die Emancipation des deutschen Seehandels von den Kosten und Unbequemlichkeiten fremder Vermittelung."[1]

Die Filialeröffnung in den wichtigsten deutschen Hafenstädten stand von Anfang an auf der Agenda der Deutschen Bank. Ziel war, „dem deutschen Industriellen, welcher Rohstoffe aus der weiten Ferne zu beziehen, und dem, welcher die Produkte seines Gewerbefleißes dahin abzusetzen hat, einen Vermittler, einen Anlehnungspunkt" anzubieten.[2] Allen an dem neuen Bankprojekt Beteiligten war klar, dass schon allein aus politischen Gründen in Berlin, der Hauptstadt des Norddeutschen Bundes und des zukünftigen Deutschen Reichs, die Zentrale der Deutschen Bank ihren Sitz haben müsste, die Außenhandelsfinanzierung aber vor allem an den dafür etablierten Plätzen betrieben werden sollte.

George Albrecht gehörte zu den Erstzeichnern und frühen Kunden der Deutschen Bank und war von 1870 bis 1898 Mitglied ihres Aufsichtsrats. Er ist der Urgroßvater des früheren niedersächsischen Ministerpräsidenten Ernst Albrecht und Ururgroßvater der heutigen EU-Kommissionspräsidentin Ursula von der Leyen.

Großen Widerhall fand das Geschäftsmodell der neuen Bank vor allem bei den im Überseehandel tätigen deutschen Kaufleuten. In Bremen waren drei der führenden Bremer Unternehmer bereit, sich im Frühjahr 1870 am Gründungskapital der Deutschen Bank zu beteiligen. Sie alle waren seit Langem im Überseegeschäft aktiv und hofften, von günstigeren und einfacher zu erhaltenden Finanzierungen zu profitieren. Es handelte sich um George Albrecht, Hermann Henrich Meier und Alexander Georg Mosle.

George Albrecht, der Aktien der Deutschen Bank über 50.000 Taler zeichnete, war Teilhaber der Firma Johann Lange Sohn's Wwe. & Co. in Bremen. Er leitete die traditionsreiche Reederei, die sich auch als Handelshaus betätigte, bis zu seinem Tod 1898. Das Unternehmen war im Import- und Exportgeschäft mit Ländern in Westeuropa, Amerika und Afrika tätig und handelte unter anderem mit Wolle. Albrecht selbst war auch in der Bremer Textilindustrie aktiv, so saß er im Verwaltungsrat der Bremer Woll-Kämmerei und im Verein

Hermann Henrich Meier, der Gründer des Norddeutschen Lloyd, auf einem Gemälde um 1890.

der Bremer Wollhändler. Im Jahr 1864 heiratete er die Tochter des Kaufmanns Ludwig Knoop, der durch den Textilhandel und den Aufbau der Textilindustrie in Russland zu einem der führenden Unternehmer seiner Zeit geworden war. Von ihm wird noch die Rede sein.

Als Erstzeichner der Deutschen Bank erwarb auch der Bremer Kaufmann und Politiker Hermann Henrich Meier Aktien über 50.000 Taler. Meier gilt als der Gründer der Reederei Norddeutscher Lloyd, die zu den bedeutendsten internationalen Schiffslinien aufstieg. Sein gleichnamiger Vater hatte in Bremen das Handelsunternehmen H. H. Meier & Co. gegründet, dessen Teilhaber Meier 1834 wurde. Die Firma war vor allem im transatlantischen Handel tätig.

Der Bremer Konsul Alexander Georg Mosle beteiligte sich bei der Gründung der Deutschen Bank mit Aktien über nominal 16.000 Taler. Mosle verfügte über hervorragende Handelsbeziehungen in Lateinamerika, insbesondere in Brasilien. Bereits sein Vater war Gesellschafter des Handelsunternehmens Stockmeyer & Co. gewesen. Alexander Mosle heiratete in die Familie Stockmeyer ein, wurde Teilhaber und schließlich 1870 alleiniger Inhaber des Unternehmens, das in Mosle & Co. umbenannt wurde.

Die drei Genannten vertraten die Bremer Interessen auch im 24-köpfigen Verwaltungsrat der Deutschen Bank, der von der ersten Generalversammlung am 21. März 1870 gewählt worden war, um die Geschäftsführung des Vorstands zu beaufsichtigen. Zunächst galt es aber, für den Verwaltungsrat geeignete Personen zu finden, die die Geschäfte der neuen Bank führen sollten. Das war eine schwierige Gratwanderung. Einerseits sollten diese Vorstände unternehmerische Initiative besitzen und das Geschäft aus dem Nichts aufbauen, andererseits wollte der Verwaltungsrat die Kontrolle behalten und begrenzte ihren Handlungsspielraum. Konflikte waren so vorgezeichnet.

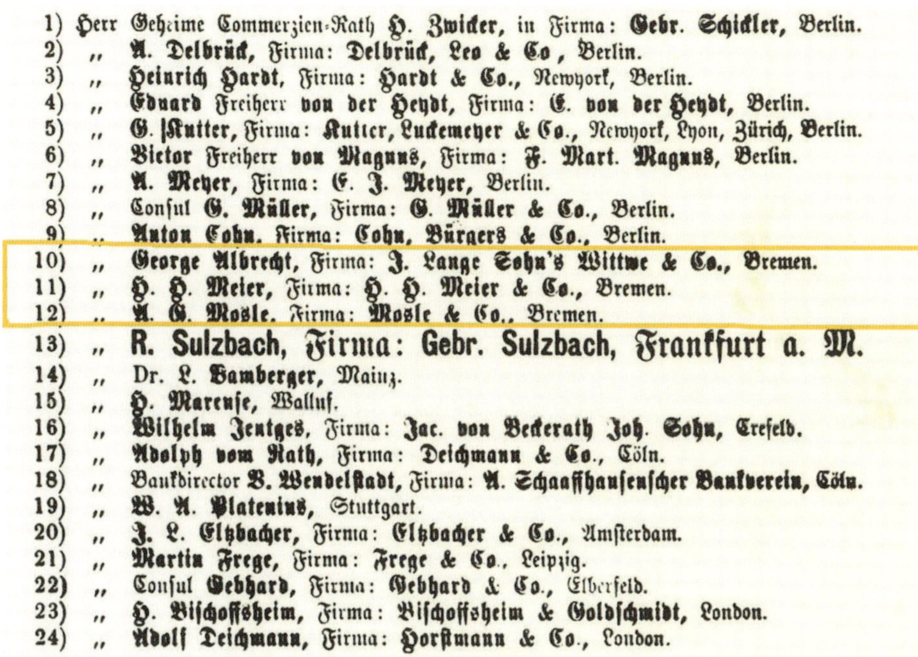
1) Herr Geheime Commerzien-Rath H. Zwicker, in Firma: Gebr. Schickler, Berlin.
2) „ A. Delbrück, Firma: Delbrück, Leo & Co, Berlin.
3) „ Heinrich Hardt, Firma: Hardt & Co., Newyork, Berlin.
4) „ Eduard Freiherr von der Heydt, Firma: E. von der Heydt, Berlin.
5) „ G. Kutter, Firma: Kutter, Luckemeyer & Co., Newyork, Lyon, Zürich, Berlin.
6) „ Victor Freiherr von Magnus, Firma: F. Mart. Magnus, Berlin.
7) „ A. Meyer, Firma: E. J. Meyer, Berlin.
8) „ Consul G. Müller, Firma: G. Müller & Co., Berlin.
9) „ Anton Cohn, Firma: Cohn, Bürgers & Co., Berlin.
10) „ George Albrecht, Firma: J. Lange Sohn's Wittwe & Co., Bremen.
11) „ H. H. Meier, Firma: H. H. Meier & Co., Bremen.
12) „ A. G. Mosle, Firma: Mosle & Co., Bremen.
13) „ R. Sulzbach, Firma: Gebr. Sulzbach, Frankfurt a. M.
14) „ Dr. L. Bamberger, Mainz.
15) „ H. Marcuse, Walluf.
16) „ Wilhelm Jentges, Firma: Jac. von Beckerath Joh. Sohn, Crefeld.
17) „ Adolph vom Rath, Firma: Deichmann & Co., Cöln.
18) „ Bankdirector B. Wendelstadt, Firma: A. Schaaffhausen'scher Bankverein, Cöln.
19) „ W. A. Platenius, Stuttgart.
20) „ J. L. Eltzbacher, Firma: Eltzbacher & Co., Amsterdam.
21) „ Martin Frege, Firma: Frege & Co., Leipzig.
22) „ Consul Gebhard, Firma: Gebhard & Co., Elberfeld.
23) „ H. Bischoffsheim, Firma: Bischoffsheim & Goldschmidt, London.
24) „ Adolf Deichmann, Firma: Horstmann & Co., London.

Unter den 24 ersten Verwaltungsratsmitgliedern der Deutschen Bank befanden sich auch die Bremer Aktionäre George Albrecht, Hermann Henrich Meier und Alexander Georg Mosle.

Einer der Auserwählten war der junge Jurist Georg Siemens, der über keinerlei Erfahrung im Bankgeschäft verfügte, sich jedoch beim Telegrafenbau in Persien für die Firma seines Onkels Werner von Siemens bewährt hatte. Kaum drei Monate im Amt wurde der Reserveoffizier Siemens aber zum Militärdienst einberufen, aus dem er erst nach der Niederlage Frankreichs im Frühjahr 1871 zurückkehrte. Der Zweite, dem die Führung der Bank anvertraut wurde, war Wilhelm August Platenius; ein aus Elberfeld stammender Kaufmann, der in den USA Karriere gemacht hatte und Mitte der 1860er-Jahre nach Deutschland zurückgekehrt war. Platenius vertrat zunächst die Württembergische Vereinsbank in Stuttgart, die Deutsche-Bank-Aktien über 141.000 Taler gezeichnet hatte, im Verwaltungsrat, wurde aber rasch in den Vorstand delegiert. Es blieb ein kurzes Intermezzo. Schon im Februar 1871 zog sich Platenius, wohl frustriert über den engen Handlungsspielraum, den ihm der Verwaltungsrat gewährte, aus der Leitung der Bank zurück. An seine Stelle trat mit Andreas Friedrich Mölle ein pensionierter Oberfinanzrat. Man gelangte jedoch „nach einjähriger Tätigkeit zu der Erkenntnis, dass die Qualifikation eines hohen Beamten nicht genügte, um die Leitung eines Erwerbsinstituts zu übernehmen“ und Mölle schied aus dem Vorstand wieder aus.[3]

So lag Anfang 1871 die gesamte Last, die ambitionierten Pläne der Gründer der Deutschen Bank in die Tat umzusetzen, auf den Schultern eines Mannes: Hermann Wallich. Im Unterschied zu den anderen Vorstandsmitgliedern der ersten Jahre war Wallich ein erfahrener Experte im internationalen Bankgeschäft. Nach einer Banklehre in Köln ging er nach Paris, um schließlich für das Bankhaus Comptoir d'Escompte in dessen Filialen auf der Insel Réunion und in Schanghai tätig zu werden. Als die französische Bank bei Kriegsbeginn im Juli 1870 ihre deutschen Angestellten entließ, trat Wallich in die Dienste der soeben gegründeten Deutschen Bank und reiste per Schiff von Schanghai nach Deutschland. Im Oktober 1870 kam er in Berlin an und stürzte sich sofort in die Arbeit.

Bereits in seinem ersten Exposé an den Verwaltungsrat skizzierte Wallich den Aufbau des überseeischen Geschäfts. Wie er wusste, „konnte kein Ballen Baumwolle nach Deutschland eingeführt werden, der nicht durch englische Vermittlung finanziert wurde".[4] Es sei „unumgänglich notwendig", so bald wie möglich Vertretungen an den wichtigsten Handelsplätzen zu errichten: in London, der Welthandels- und Finanzmetropole, sowie in den beiden Hafenstädten Bremen und Hamburg, „auf welche beiden Plätze wir vorerst für Alimentierung unseres überseeischen Geschäftes hauptsächlich angewiesen sind".[5]

Wenn die Verantwortlichen der Bank noch zögerten, Wallichs Plan sofort in die Tat umzusetzen, lag dies vor allem an dem andauernden Krieg mit Frankreich. Ende Oktober 1870 war zwar die Schlacht bei Sedan geschlagen und Paris eingeschlossen, doch ein baldiger Friedensschluss noch nicht in Sicht. Als zu Beginn des Jahres 1871 der Ausgang des Kriegs endgültig entschieden war, nahm die zukünftige Organisation des Überseegeschäfts Gestalt an. Den Anfang machte im März 1871 London, wo man vertreten sein musste, um ähnliche Finanzierungskonditionen anbieten zu können wie englische Banken.[6] Da deutsche juristische Personen vom englischen Recht noch nicht anerkannt wurden – dies sollte sich erst 1873 ändern –, beschritt die Deutsche Bank zunächst den Weg, sich mit anderen vorwiegend deutschen Partnerbanken an einer Gesellschaft englischen Rechts, der neu gegründeten German Bank of London, zu beteiligen.

Beharrlich arbeitete Wallich an der Umsetzung seiner Auslandsstrategie. Um das Expansionsprogramm zu finanzieren, wurde mit Beginn des Jahres 1872 das Aktienkapital von 5 auf 10 Millionen Taler erhöht; eine weitere Kapitalerhöhung um weitere 5 Millionen Taler erfolgte Anfang 1873. Nun ging der Ausbau der Niederlassungen Schlag auf Schlag. Nach Bremen eröffnete die Bank 1872 Filialen in Hamburg sowie in Ostasien in Schanghai und Yokohama, letztere mussten allerdings bereits 1875 wieder aufgegeben werden. 1873 folgte die Filiale in London. Kommanditbeteiligungen in New York, Paris und Wien rundeten die Auslandsvertretungen ab. Im folgenden Jahrzehnt kamen mit

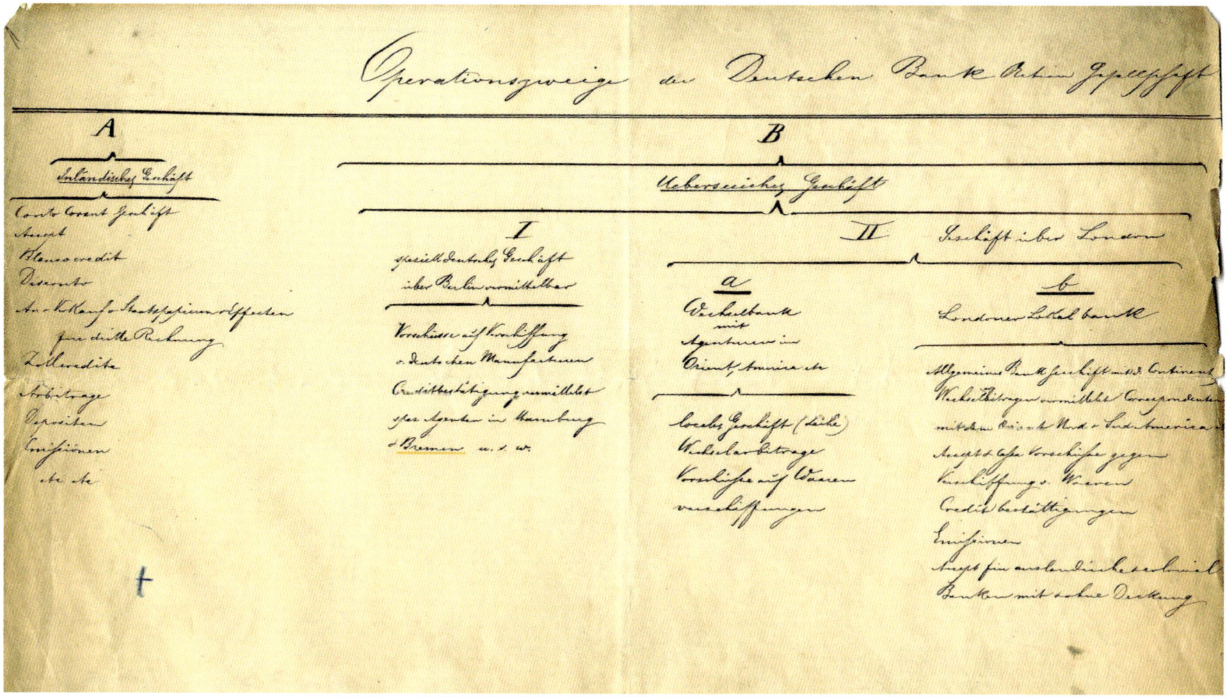

In diesem ersten Organigramm der Deutschen Bank vom Oktober 1870 schrieb Vorstandsmitglied Hermann Wallich „speziellen Agenturen" wie in Bremen die Aufgabe zu, „Vorschüsse auf Verschiffung von deutschen Manufacturen" zu vermitteln.

der 1886 gegründeten Deutschen Ueberseeischen Bank und der 1889 entstandenen Deutsch-Asiatischen Bank Tochtergesellschaften in Südamerika und in Ostasien hinzu.

In den beiden deutschen Hansestädten standen der Filialgründung, anders als zunächst in London, keine rechtlichen Hindernisse im Weg. Auch wenn über die Vorbereitungen zur Eröffnung der Filialen Bremen und Hamburg keine Einzelheiten überliefert sind, liegt die Vermutung nahe, dass Bremen als Testlauf diente. Als sich dort der Erfolg des Überseegeschäfts rasch einstellte und gute Resultate lieferte, sah sich die Leitung der Bank in Berlin bestärkt, die Eröffnung einer weiteren Filiale in Hamburg anzugehen, die dann am 20. Januar 1872 erfolgte.

Wie schon bei der Auswahl der Vorstandsmitglieder war auch die Besetzung der Filialleitungen eine der größten Herausforderungen, galt es doch, Persönlichkeiten zu finden, die mit den regionalen Gegebenheiten und dem Überseehandel bestens vertraut und zugleich bereit waren, die weisungsgebundene Rolle eines Filialleiters zu akzeptieren. In Bremen wurden Georg Friedrich Krüger und

Die Bremer Filialdirektoren der ersten Stunde: Georg Friedrich Krüger (links) und Ferdinand von der Heyde.

Ferdinand von der Heyde zu den ersten Filialdirektoren ernannt, die die Niederlassung gemeinsam durch die ersten anderthalb Jahrzehnte führten. Beide verfügten über Berufserfahrungen, die sich in idealer Weise ergänzten. Krüger war mit dem Bremer Finanzplatz bestens vertraut. Seit der Gründung der Bremer Bank im Jahr 1856 hatte er als Kassierer zu den leitenden Angestellten dieses Instituts gehört. Der Deutschen Bank gelang es, ihn von dort abzuwerben. Von der Heyde hingegen war ein Kenner des Überseegeschäfts. Vor seinem Eintritt bei der Filiale Bremen war er Partner der 1840 gegründeten Handelsfirma Behn, Meyer & Co. in Singapur und zugleich preußischer und bremischer Konsul in dieser britischen Kolonie gewesen.

Die beiden Direktoren wurden bei der Geschäftsaufnahme unterstützt von sechs Angestellten, im damaligen Sprachgebrauch „Bankbeamte", einem Lehrling und einem Hausdiener, deren Namen überliefert sind:

Johann Heinrich Christian Corssen
erster Kassierer

Heinrich Johann Oesemann
zweiter Kassierer

Gerhard Heinrich Glantop
Korrespondent

Otto Koch
Hauptbuchhalter

Johann Werner Lesemann
Buchhalter Depositen

Friedrich Wilhelm August Heine
Buchhalter Schecks

Johann Diedrich Gerhard Hüschen
Lehrling 4 Jahre

Friedrich Wilhelm Feuss
Hausdiener

Ausgestattet mit erfahrenem Personal, zentral gelegenen Büroräumen, reichlich Eigenkapital und einem klaren Auftrag galt es nun, das Geschäft zu entwickeln.

Bremen und die Reichsgründung

Während die Deutsche Bank die Gründung ihrer Filiale in Bremen vorbereitete, spürte sie politischen Rückenwind. Formal entstand am 1. Januar 1871 das Deutsche Reich mit der Freien Hansestadt Bremen als Bundesstaat. Am 18. Januar 1871 fand im Spiegelsaal des Schlosses von Versailles die Kaiserproklamation statt. Ein Vertreter Bremens war in Versailles nicht dabei, er hätte auch kaum in die Festgesellschaft der Fürsten, Prinzen, Diplomaten und Militärs gepasst. Doch auch in Bremen stimmte man in den nationalen Jubel ein. Schon am 25. Januar 1871 brachte die bremische Bürgerschaft ein dreifaches Hoch auf Kaiser Wilhelm I. aus. Im Bremer Dom wurde am Karfreitag, den 7. April 1871, der erste Satz des Triumphliedes von Johannes Brahms unter der Leitung des Komponisten uraufgeführt. Brahms komponierte das Werk anlässlich des deutschen Sieges und widmete es Kaiser Wilhelm I. Den politischen und militärischen Vätern des Sieges, Otto von Bismarck und Helmuth Graf von Moltke, wurde am 2. Juni 1871 die Bremer Ehrenbürgerschaft verliehen, und den heimkehrenden Truppen bereitete die Bevölkerung am 15. Juni auf dem Domshof einen begeisterten Empfang.

Bei den Wahlen zum ersten Deutschen Reichstag am 3. März 1871 setzte sich mit deutlichem Abstand der nationalliberale Kandidat, der Kaufmann Alexander Georg Mosle – zugleich Mitgründer und Verwaltungsratsmitglied der Deutschen Bank – gegen den Kandidaten des Allgemeinen Deutschen Arbeitervereins durch. Wahlrecht hatten alle Männer über 25 Jahre, wovon aber in Bremen nur 44 Prozent Gebrauch machten. Politischer Gegenspieler Mosles in Bremen war mit Hermann Henrich Meier ein weiterer Erstzeichner der Aktien der Deutschen Bank. Mosle siegte über Maier bei der Reichstagswahl 1874 und wurde zwei weitere Male wiedergewählt. Doch als er sich 1879 der Position Bismarcks gegen den Freihandel und für Schutzzölle anschloss, stieß er auf erbitterten Widerstand der Bremer Kaufleute, woran seine Wiederwahl für den Reichstag 1881 scheiterte. Dem Verwaltungsrat der Deutschen Bank gehörte er bis zu seinem Tod 1882 an.

Die 5 Milliarden Francs „Kriegsentschädigung“, die Frankreich aufgrund des Friedensvertrages von Frankfurt am Main vom Mai 1871 zu zahlen hatte, gaben der ohnehin boomenden deutschen Wirtschaft weiteren Auftrieb. Mit der Industrialisierung seit der Mitte des 19. Jahrhunderts hatte ein Modernisierungsschub auf praktisch allen Gebieten des wirtschaftlichen und gesellschaftlichen Lebens eingesetzt. Eine seit mehr als einem Jahrzehnt andauernde Phase der Hochkonjunktur wurde nun zusätzlich angefacht. Der Begriff der „Gründerzeit“ hat sich für jene Jahre eingeprägt.

Die bremische Wirtschaft, vor allem der Seehandel, hatte zunächst im Kriegsjahr 1870/71 durch die französische Blockade schweren Schaden genommen. Dem Handel brachten die ersten

Jahre nach dem Deutsch-Französischen Krieg jedoch einen raschen Aufschwung. Das Bankgeschäft war rege wie nie zuvor, da der Kreditbedarf für das steigende Handelsvolumen sehr groß war – ideale Voraussetzungen für eine Bank, die gerade das Geschäft aufnahm und sich die Finanzierung des Außenhandels auf die Fahnen geschrieben hatte.

Handel und Schifffahrt hatten Bremens Wirtschaft von jeher geprägt. In der zweiten Hälfte des 19. Jahrhunderts war die Stadt – nach Hamburg – der zweite deutsche Welthafen und der größte Passagierhafen Deutschlands, insbesondere für die Auswanderung von Europa nach Übersee. Die Einfuhr und der Handel mit wertvollen Stapelgütern, wie Tabak, Baumwolle, Wolle, Getreide,

Die sogenannte Zollvereinsniederlage am Weserbahnhof im Bremer Freihafen um 1860.

ausländische Hölzer, Kaffee und Wein, bildeten die Grundlagen der wirtschaftlichen Prosperität. Für Tabak aller Provenienzen und für Baumwolle war Bremen zum führenden europäischen Markt geworden. Eine der Grundlagen für das florierende Baumwollgeschäft hatte die Baumwollbörse gelegt, die 1872 von Bremer Kaufleuten als „Comité für den Bremer Baumwollhandel" gegründet worden war. Man setzte damals Qualitätsnormen fest, schlichtete Streitigkeiten zwischen den Handelspartnern und versuchte, eine allgemein anerkannte Ordnung in das Geschäft zu bringen. Ab 1877 nannte sich das Comité dann „Baumwollbörse".

Dem 1834 gegründeten Deutschen Zollverein wollten sich die Hansestädte Bremen und Hamburg lange Zeit nicht anschließen, sahen sie doch ihren internationalen Handel dadurch gefährdet. Um den Warenverkehr mit dem Zollverein abzuwickeln, wurden sogenannte Zollvereinsniederlagen eingerichtet. Dabei handelte es sich um räumlich abgegrenzte und zolltechnisch gesicherte Lagerhauskomplexe, die an Handelsfirmen vermietet und von diesen zur zollfreien Einfuhr, Lagerung, Weiterverarbeitung und Veredelung der aus dem Zollvereinsgebiet importierten Waren genutzt wurden. In Bremen bestanden Zollvereinsniederlagen am Weserbahnhof, an der Tiefer (eine Straße in der Bremer Altstadt) und in Bremerhaven. Auch als mit der Reichsgründung ein einheitliches Zoll- und Handelsgebiet im Kaiserreich entstand, blieben Bremen und Hamburg zunächst noch außerhalb des Zollgebiets. Erst 1888 traten die beiden Hansestädte dem Zollverein bei, errichteten aber Freihäfen, die sich außerhalb des deutschen Zollgebiets befanden, um weiterhin zollfreien Handel mit dem Ausland betreiben zu können. Die Zollvereinsniederlagen wurden mit dem Beitritt zum Zollgebiet aufgelöst.

In diesem Zusammenhang ist auch die 1877 errichtete Bremer Lagerhaus-Gesellschaft zu nennen. Sie schuf für die wichtigen Stapelgüter größere Lagerflächen, die es erlaubten, umfangreiche Lagerbestände zu unterhalten. Für die Banken, die durch die verstärkte Einfuhr und die steigende Lagerhaltung vermehrte Kreditgesuche zu erfüllen hatten, war dies insofern interessant, als durch „Warrants", das heißt Order-Lagerscheine der staatlichen Lagerhaus-Gesellschaft, in einfacher Form Sicherheit an der Ware selbst gegeben wurde.

Banken und Währung in Bremen

Obwohl zur damaligen Zeit die Abwicklung des deutschen Außenhandels zu großen Teilen über Bremen erfolgte, entsprach das Bremer Bankwesen keineswegs den Bedürfnissen des Handels. Die Bankgeschäfte in Bremen lagen bis zur Gründung der Bremer Bank im Jahr 1856 vorwiegend in den Händen von Privatbankiers, deren Geschäfte sich aus dem System der Geld- und Wechselmakler entwickelt hatten. Als erste Aktienbank war 1817 von Bremer Kaufleuten die Discontokasse ins Leben gerufen worden – damals eine spektakuläre Neuheit. Aktienkapital galt als höchst suspekt, der ehrbare Kaufmann stand mit eigenem Vermögen hinter seinen Geschäften. Komplettiert wurde das bremische Bankwesen durch die Sparkassen: die 1825 errichtete „Sparkasse in Bremen“ und die „Neue Sparkasse in Bremen“ von 1852.

Die Bremer Bank wurde 1856 als Notenbank auf Aktienbasis gegründet. Die Initiative ging von der wohl bedeutendsten Persönlichkeit in der bremischen Kaufmannschaft des 19. Jahrhunderts aus: von Hermann Henrich Meier, dem Gründer des Norddeutschen Lloyd. Auch an der Gründung der Deutschen Bank war Meier, wie schon erwähnt wurde, anderthalb Jahrzehnte später beteiligt.

Doch auch das Geschäft einer Aktienbank moderner Prägung unterlag in Bremen schwierigen Währungsverhältnissen. Wie in Hamburg mit der Mark Banco bestand in Bremen seit Mitte des 18. Jahrhunderts eine eigene Rechenwährung, die „Taler Gold“ genannt wurde. 1 Taler Gold war unterteilt in 72 Groten und in 360 Schwaren. In ihrem ersten Geschäftsjahr 1871 bilanzierte die Filiale Bremen der Deutschen Bank in dieser Währung. Der Gewinn von 4.082 Taler Gold und 39 Groten wurde für die Gesamtbilanz der Bank auf 4.449 Couranttaler und 29 Silbergroschen umgerechnet.

Die währungsmäßige Sonderrolle Bremens erschwerte sowohl den Handel mit Preußen und dem Norddeutschen Bund, wo der Taler dominierte, als auch mit Süddeutschland, wo der Gulden verbreitet war. An die Durchsetzung einer deutschen Valuta im Außenhandel, wie sie die Gründer der Deutschen Bank anstrebten, war bei diesen unterschiedlichen Geldsystemen in Deutschland nicht zu denken. Die Forderung nach einer einheitlichen deutschen, dezimalgeteilten Währung war daher älter als der neu gegründete Nationalstaat und ihre Verwirklichung stand auf der Agenda des jungen Kaiserreichs weit oben. Bereits am 4. Dezember 1871 beschloss der Reichstag das erste Reichsmünzgesetz. Dadurch wurde eine einheitliche Reichswährung, die in 100 Pfennige unterteilte Mark, eingeführt. Die Mark war eine goldgedeckte Währung, die sich an dem Goldstandard orientierte, der sich international durchsetzte. Mit Ausnahme Bremens galten zuvor in den deutschen Staaten Silberwährungen. Als erster deutscher Bundesstaat übernahm Bremen die Mark-Rechnung

(1 Taler Gold = 3,32 Mark). Durch Gesetz vom 30. April 1872 galt der Taler Gold ab 1. Juli 1872 nicht mehr als gesetzliches Zahlungsmittel.

Die Bremer Bank blieb auch nach der Errichtung der Reichsbank im Jahr 1875 Notenbank für das bremische Staatsgebiet, jedoch in enger Anlehnung an die Geldpolitik der Reichsbank. Sie emittierte zunächst auch noch umlauffähige Münzen und Noten. Im Oktober 1889 gab die Bremer Bank schließlich das Notenbankprivileg auf und widmete sich künftig ausschließlich dem regulären Bankgeschäft. Ende 1894 fusionierte sie mit der Dresdner Bank. Seit Januar 1895 firmierte das Institut als „Bremer Bank Filiale der Dresdner Bank". Die Deutsche Bank war ihrer Konkurrentin mit der Gründung einer Filiale in Bremen also fast ein Vierteljahrhundert voraus.

Am Bankplatz Bremen bestanden 1871 außerdem die genossenschaftliche Bremer Gewerbebank sowie die Bremische Hypothekenbank und die Deutsche Nationalbank, die beide 1871 gegründet worden waren. Die Deutsche Nationalbank wurde 1920 von der aus Berlin kommenden Nationalbank für Deutschland übernommen. Letztere fusionierte 1922 mit der Darmstädter Bank für Handel und Industrie zur Darmstädter und Nationalbank, der DANAT-Bank, die während der Bankenkrise 1931 im Zusammenhang mit dem Zusammenbruch der Nordwolle in Bremen noch eine berühmt-berüchtigte Rolle spielen sollte.

Die 1856 gegründete Bremer Bank befand sich von 1870 bis 1905 an der Stintbrücke 4/5.

Die anderen Großbanken kamen später: Seit 1904 hatte die Disconto-Gesellschaft in Bremen eine Filiale. Sie übernahm dabei das angesehene Privatbankhaus J. Schultze & Wolde, das schon seit 1794 existierte. Die Commerzbank folgte erst im Jahr 1920 mit einer Niederlassung.

Die Börse

Um Warengeschäfte abzuschließen, trafen sich die Bremer Kaufleute bereits seit dem späten Mittelalter regelmäßig unter freiem Himmel auf dem Marktplatz und dem Liebfrauenkirchhof. Anfang des 17. Jahrhunderts sollte durch den Abriss der sogenannten Schuhbuden Platz für ein Börsengebäude geschaffen werden, doch die lang anhaltenden Kriege der folgenden Jahrzehnte verhinderten ein solch ambitioniertes Bauvorhaben. Lediglich ein Weinkeller entstand auf dem Areal, auf dessen mit Steinplatten abgedeckter Oberseite die Börsenversammlungen stattfanden. 1682 erließ der Rat der Stadt Bremen die Erste Börsenordnung. Kaufleute und Makler wurden darauf verpflichtet, sich täglich von 9 bis 10 Uhr auf dieser erhöhten Freifläche zu versammeln. 1687 wurde begonnen, über dem Keller ein einstöckiges Gebäude im Stil des Barocks zu errichten. 1695 konnte es bezogen werden. Es war mehr als anderthalb Jahrhunderte in Gebrauch. Ersetzt wurde es durch einen 1864 eingeweihten Neubau, der an der Ostseite des Marktplatzes errichtet wurde.

Auch in der Neuen Börse wurden fast ausschließlich Waren- und Wechselgeschäfte getätigt. Wertpapierhandel fand kaum statt. Gebremst wurde die Entwicklung des Aktienmarkts durch die relativ geringe Zahl von Industrieunternehmen in Bremen. An anderen deutschen Börsen wurde der Aktienhandel gerade durch den hohen Kapital- und Investitionsbedarf der Industrie belebt. Doch selbst im Bremer Schiffbau war die Aktiengesellschaft noch nicht sehr verbreitet. Erst 1872 entstand in Bremen die erste Werft auf Aktienbasis, die „Aktiengesellschaft Weser", an deren Kapital sich die Deutsche Bank immerhin mit 50.000 Taler beteiligte. Die Einführung der Aktien an der Berliner Börse hielt sie aufgrund geringen Investoreninteresses aber nicht für ratsam.[7] 1883 wurden gerade sechs Industriepapiere an der Bremer Börse gehandelt: die des Norddeutschen Lloyd, der Hapag, der Aktiengesellschaft Weser, der Deutschen Dampfschifffahrts-Gesellschaft „Hansa", der St. Pauli-Brauerei und der Rio Tinto Company – letzteres übrigens ein ausgesprochenes Spekulationspapier!

Der zögernde Einstieg in das Wertpapiergeschäft hatte jedoch auch sein Gutes. Der Boom der Gründerjahre mit seinen vielen spekulativen Unternehmensgründungen, von denen die meisten nach der großen Krise von 1873 wieder zusammenbrachen, war in Bremen nicht so ausgeprägt. Hatte sich schon die Berliner Zentrale der Deutschen Bank aus diesem Gründungstaumel, dieser „ungesunden Hatz", wie Vorstandsmitglied Hermann Wallich es ausdrückte, herausgehalten, so galt dies erst recht für die Bremer Filiale.

Der preußische Generalkonsul F. Wilhelm Delius berichtete damals nach Berlin: „Der bremische Platz selbst hat freilich, wie rühmlichst hervorgerufen werden darf, von dem Gründungsschwindel, der als eine der Hauptursachen der Krise bezeichnet

In der Neuen Börse in Bremen wurde 1864 der Handel aufgenommen. An der Stelle des 1943 völlig ausgebrannten Gebäudes steht seit 1966 das Haus der Bürgerschaft.

werden muß, sich freigehalten; [...]. Der alte wohlverdiente Ruf Bremer Solidität hat sich somit auch in dieser Zeit schwerer Prüfung bewährt."[8] Und der Bremer Privatbankier Georg Wolde äußerte sich noch 1892 vor der Börsen-Enquete: „In Bremen haben wir kein eigentlich spekulierendes Publikum. Bremen setzt sich größtenteils zusammen aus Kaufleuten in der Warenbranche, und schon die ganzen Einrichtungen, die in Bremen sind, der Creditwürdigkeit und des Vertrauens des einen Hauses zum anderen, verbieten es geradezu, daß Spekulationen in erheblichem Maße getrieben wurden."[9]

Das Reichsbörsengesetz von 1896 unterstellte auch die Bremer Börse einheitlichen Regularien. Als Börsenzeit wurde eine Stunde, zwischen 13 und 14 Uhr, festgelegt. Man erließ ein Rauchverbot in den allgemeinen Geschäftsräumen und publizierte eine Liste der vom Börsenbesuch ausgeschlossenen Personen: An erster Stelle standen hier „Personen weiblichen Geschlechts" – erst Ende 1921 wurde dieser Passus aufgehoben.

02

Die Bremer Filiale der Deutschen Bank im Kaiserreich

Deutsche Bank

Die Technik der Außenhandelsfinanzierung

Ihrem Gründungsauftrag entsprechend engagierte sich die Filiale Bremen zu allererst auf dem Gebiet der Handelsfinanzierung. Zur Finanzierung des internationalen Warenverkehrs zwischen Exporteuren und Importeuren hatte sich im Bankwesen das Instrument des Rembourskredits entwickelt, um sowohl Verkäufer als auch Käufer gegen Zahlungs- und Lieferausfälle abzusichern. Wollte beispielsweise eine Bremer Firma Baumwolle aus den USA importieren, so konnte sie die Filiale Bremen der Deutschen Bank beauftragen, einen 90-Tage-Rembourskredit zugunsten des amerikanischen Exporteurs zu eröffnen. Die Bank informierte den Exporteur über die Eröffnung des Kredits, der daraufhin die Baumwolle versandte und einen Wechsel auf die Filiale Bremen zog, den er zusammen mit den Verschiffungsdokumenten wie Frachtbrief, Versicherungspolice und Konsularsfaktura zur Akzeptierung einreichte. Die Bank akzeptierte den Wechsel und kaufte ihn vor Fälligkeit unter Abzug der Zinsen an. Abschließend übergab die Bank die Verschiffungsdokumente an den Importeur, der damit über die Ware verfügen konnte. Bei Fälligkeit des Kredits nach 90 Tagen belastete die Bank den Bremer Importeur.

War bei dieser Handelsfinanzierung neben der Hausbank des Importeurs noch eine Vermittlerin als Remboursbank beteiligt, die meist in London angesiedelt war, so sprach man vom „Rembours of London“. Das Remboursgeschäft war unspektakulär und zugleich arbeitsintensiv, aber es brachte stabile Erträge und stellte Kundenbeziehungen her, die auf andere Geschäftsfelder wie das Kontokorrent- und das Emissionsgeschäft ausgedehnt werden konnten.

Der bedeutendste Kunde: Ludwig Knoop

Größter Kunde der Filiale Bremen, insbesondere auf dem Feld der Handelsfinanzierung, war schon bald nach ihrer Eröffnung der aus Bremen stammende Unternehmer Ludwig Knoop.[10] Schon mit 17 Jahren ging er nach Manchester, um in der Textilfirma de Jersey & Co. zu arbeiten, die ein Bruder seiner Mutter gemeinsam mit einem englischen Partner gegründet hatte. Sie produzierte Stoffe für den russischen Markt. 1840 wechselte Knoop als Agent der englischen Textilfirma nach Moskau. Dort sollte er einen fast beispiellosen unternehmerischen Erfolg erleben. Sein Markenzeichen wurde der Aufbau schlüsselfertiger Textilfabriken in Russland, wobei er nicht nur die Maschinen, sondern auch das leitende Personal aus England „importierte". Die russischen Investoren honorierten ihn mit Beteiligungen an diesen Firmen. Bis 1877 wurden 154 Firmen gezählt, die mit Hilfe Knoops in Russland errichtet worden waren. Zugleich war Knoop der wichtigste Baumwolllieferant dieser Unternehmen. 1865 war er für rund 50 Prozent der Baumwollimporte nach Russland verantwortlich und bis 1876 lag sein Anteil selten unter 35 Prozent. Grundlage für diesen Handelserfolg war ein Geflecht internationaler Firmen, die teilweise als eigene Niederlassungen betrieben wurden oder in enger Geschäftsbeziehung zu Knoop standen. Dazu gehörten die Firmen de Jersey & Co. in Manchester und Liverpool, Wm. Berkefeld in London, Knoop, Hanemann & Co. in New York und weiteren amerikanischen Städten sowie Knoop & Co. in Bombay. All diese Firmen

Der Unternehmer Ludwig Knoop war in den 1870er-Jahren der mit Abstand bedeutendste Kunde der Filiale Bremen.

bedienten sich in erheblichem Umfang der Handelsfinanzierung der Bremer Filiale der Deutschen Bank. Bremen spielte eine zentrale Rolle, weil Ludwig Knoop 1861 von Moskau zurück in seine Heimatstadt gekommen war. Dort nahm er seit

1871 – was war naheliegender – die Dienste der Filiale Bremen in Anspruch. Außerdem war bei der Anbahnung der Geschäftsbeziehung sicher von Nutzen, dass mit George Albrecht ein Schwiegersohn Knoops zu den Erstzeichnern und Mitgliedern des Verwaltungsrats der Deutschen Bank gehörte. Bereits im Herbst 1871 verfügte de Jersey & Co., eines der Knoopschen Unternehmen, über einen Kreditrahmen von 100.000 Pfund. Dieser Betrag entsprach in der gerade eingeführten Reichswährung 2 Millionen Mark. Das Aktienkapital der Bank betrug zur gleichen Zeit 15 Millionen Mark.[11] Ein weiterer Kredit über 10.000 Pfund wurde gleichzeitig von der Firma Knoop, Hanemann & Co. in New York in Anspruch genommen.[12]

Bei diesen Volumina war der Konflikt zwischen der Kredit gebenden Filiale in Bremen und der Aufsicht führenden Zentrale in Berlin vorgezeichnet. Die Geschäftsleitung der Filiale Bremen war bemüht, ihrem größten und besten Kunden jeden Finanzierungswunsch zu erfüllen. Dagegen hatten der Vorstand und der Fünferausschuss des Verwaltungsrats, der insbesondere über Kreditanfragen entschied, in erster Linie das sogenannte Klumpenrisiko vor Augen, das mit diesen großen Engagements mit einer einzigen Firmengruppe verbunden war. Mahnungen aus Berlin waren die Folge. So hieß es Ende 1875: „[Wir] möchten Sie außerdem bitten, für Reduction Ihres Engagements mit Gebr. Knoop Sorge zu tragen. Dasselbe nimmt zu bedeutende Dimensionen an, wenn Sie berücksichtigen, daß Sie außerdem noch ein Giroobligo von M. 207.000 laufen haben.“[13] Nur vier Monate später wurde der Ton des Vorstands schärfer:

> Aus Ihrer uns heute zukommenden Geschäfts-Übersicht […] ersehen wir zu unserem Bedauern, daß Sie von neuem an Gebr. Knoop einen ungedeckten Credit in Höhe von 300.000 Mark gewährt haben. Bei der letzten Anwesenheit unseres Herrn Wallich dort war ausdrücklich vereinbart, daß die weitgehende Beschränkung von Blancoobligos eintreten sollte; nichtsdestoweniger räumen Sie wiederholt neuen Credit ein, gegen welchen Gründe sowohl allgemeiner als specieller Natur sprechen. […] Im Besonderen müssen wir gegen diesen Credit das Bedenken erheben, daß dadurch unser schon an und für sich so beträchtliches Giro Engagement mit Knoop noch eine erhebliche Vermehrung erfährt. Sie wissen ja selbst, daß Ihr Giroobligo mit Knoop einen bedeutenden Umfang hat & daß Sie nicht durch andere Unterschriften gedeckt sind (denn Ziehungen von Gebr. Knoop auf Aug. Knoop sind doch nur Wechselreiterei). Wir hoffen daher bestimmt, daß Sie sich in der Gewährung von Blancocrediten einige Enthaltsamkeit auferlegen und speciell diesen Credit nicht erneuern werden.[14]

Die Filialleiter in Bremen, von der Heyde und Krüger, fühlten sich zu Unrecht gemaßregelt und beschrieben nochmals ausführlich die Besonderheit der Knoopschen Unternehmen:

> Auf die Firma de Jersey – Knoop zurückkommend, so müssen wir uns ja, bei Ihrem Limit – £ 100.000 – beruhigen, tun es auch, aber wir billigen die Strenge desselben nicht. Vorübergehend, wie in dem vorliegenden Tee-Ladungs-Fall, könnte man liberaler sein, uns.[eres] Wissens nach, gibt es in der ganzen Welt, kein umfangreicheres u[nd] zu gleicher Zeit besser fundiertes Geschäft [als] von de Jersey & Co – Knoop. Nach uns[erer] früher gemachten Mittheilungen, beträgt das Capital Conto der Manchester Firma [...] ca. £ 1.200.000, der Gewinn der Manchester Firma für 1875 soll £ 117.000 gewesen sein, zu welchem Betrag das Commissions-Conto allein ca. £ 90.000 beigetragen, ein Zeichen der Solidität des Geschäfts. [...] Wir sind im Laufe der Jahre während wir mit de J.[ersey] & Co gearbeitet [haben] , zu der Überzeugung gekommen, daß die Basis des Geschäfts trotz des colossalen Umfanges eine äußerst solide ist, das Haupt Risiko der Firma liegt in Rußland, wo die B[aum]wolle, Tee, Producte der Spinnerei, Maschinerien etc. etc. auf Credit verkauft werden, doch soll die ausgebreitete Kundschaft von L. Knoop daselbst, eine so ausgesuchte sein, daß selbst in schlimmen Zeiten, keine bedeutenden Verluste zu befürchten [sind].[15]

Im Vorstand in Berlin zeigte man Verständnis für die Argumente der Filiale Bremen, verwies jedoch auf die strenge Kreditpolitik, die der Verwaltungsrat und sein Fünferausschuss der Bank auferlegt hatten. Das erste Statut der Deutschen Bank räumte dem Verwaltungsrat weitgehende Entscheidungskompetenzen auch im operativen Geschäft ein. Dies ging so weit, dass der Fünferausschuss alle über 1.000 Mark hinausgehenden Geschäfte genehmigen musste.[16] Erst mit dem Aktiengesetz von 1884 und der organisatorischen Trennung des operativen Geschäfts und seiner Überwachung durch den Aufsichtsrat wuchs der Handlungsspielraum des Vorstands und der Filialdirektionen.

Opponierende Bremer Aktionäre

Die in erster Linie an den Instrumenten der Außenhandelsfinanzierung interessierten Bremer Aktionäre der Deutschen Bank hatten schon die Kapitalerhöhungen der Jahre 1872 und 1873 misstrauisch beäugt. Mit der im Frühjahr 1873 beginnenden Gründerkrise und dem damit verbundenen Konjunktureinbruch wuchs insbesondere in Bremen die Sorge, dass die Bank überkapitalisiert sei. Wenn die einbrechenden Gewinne auf das erhöhte Kapital verteilt werden sollten, mussten die Aktionäre mit deutlichen Dividendenkürzungen rechnen. Forderungen wurden daher laut, das Kapital um ein Drittel zu senken. Hermann Wallich versuchte zu beruhigen und schrieb nach Bremen: „Was man dort von großen Verlusten der Deutschen Bank faselt, ist einfach übertrieben & ungerechtfertigt."[17] Doch damit war die Sache noch nicht aus der Welt. Der Bremer Großkaufmann und ecuadorianische Konsul Heinrich Plenge, der sich als zentrale Figur der Bremer Opponenten herauskristallisierte, beantragte 1874 eine Kapitalherabsetzung, die der Verwaltungsrat jedoch ablehnte.

Hermann Wallich gehörte dem Vorstand der Deutschen Bank von 1870 bis 1894 an. Er war der Experte für die Außenhandelsfinanzierung, die die Gründer der Bank in den Mittelpunkt ihres Geschäfts gestellt hatten.

Als im darauffolgenden Jahr die La-Plata-Bank in Südamerika, an der die Deutsche Bank beteiligt war, und die ostasiatischen Filialen schließen mussten, wurden die Forderungen, das Kapital zu reduzieren, immer lauter. In Bremen hatte sich inzwischen ein Komitee gebildet, das vehement für die Reduzierung des Kapitals eintrat. Für den Vorstand der Deutschen Bank kam dies zur Unzeit, da man gerade inmitten von Verhandlungen steckte, zwei durch die Gründerkrise angeschlagene Berliner Bankhäuser zu übernehmen. Dafür wurde das bestehende Eigenkapital im ganzen Umfang benötigt. Selbst eine Reise Wallichs nach Bremen konnte die Wogen nicht glätten. Die Fronten verhärteten sich weiter. „Wir können nicht umhin, das Vorgehen der Bremer Agitatoren gerade in jetziger Zeit als ein selbstmörderisches Beginnen zu bezeichnen",[18] schrieb der Vorstand an die Bremer Filialleitung. Und von dort hieß es: „Haupt-Anführer haben sich doch sehr fest auf ihr Projekt gebissen und gehen sogar so weit, eine Liquidation der Deutschen Bank für kein Unglück anzusehen."[19]

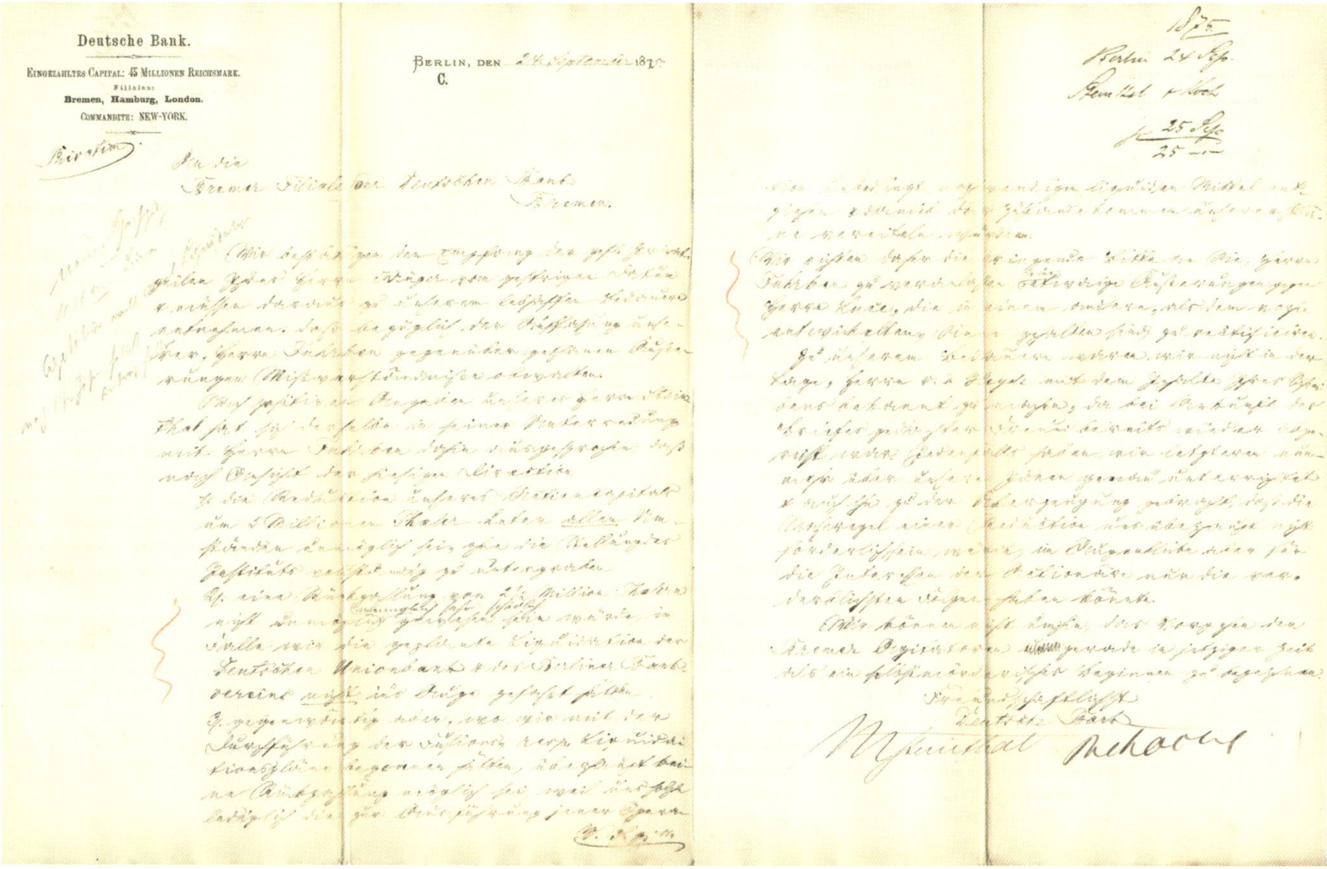
Deutsche Bank.

Eingezahltes Capital: 45 Millionen Reichsmark.

Filialen:

Bremen, Hamburg, London.

Commandite: New-York.

Berlin, den 24 September 1875

C.

Schreiben der Vorstandsmitglieder Max Steinthal und Rudolph Koch vom 24. September 1875. Im letzten Satz wird das Vorgehen der Bremer Agitatoren als „selbstmörderisches Beginnen" bezeichnet.

Nachdem der Verwaltungsrat sich einstimmig, also einschließlich seiner Bremer Mitglieder George Albrecht und Alexander Georg Mosle, hinter den Vorstand und die geplante Übernahme der Berliner Banken gestellt hatte, fiel die Entscheidung auf einer außerordentlichen Hauptversammlung, die das Reduktionskomitee herbeigeführt hatte. Das Ergebnis war eindeutig, von den etwas mehr als 8.000 Stimmen entfielen 6.169 auf den Kurs des Vorstands, während 1.902 Stimmen für die Herabsetzung des Kapitals auf 30 Millionen Mark votierten. Die Kapitalherabsetzung war damit vom Tisch und die beiden Berliner Bankhäuser konnten übernommen werden. Die Deutsche Bank stieg dadurch – gemessen an der Bilanzsumme – zur größten Bank Deutschlands auf.

Industrialisierung und Industriefinanzierung

Die Industrialisierung setzte in Bremen verspätet, erst zwischen 1880 und 1890 ein. Bis 1888 war die Hansestadt noch durch Zollschranken vom übrigen Deutschland getrennt, was den Handel begünstigte, aber die Industrialisierung merklich verzögerte. Im Zuge dieser Industrialisierung begann auch die Einwohnerzahl Bremens rasch zu wachsen. Betrug sie 1871, im Jahr der Eröffnung der Filiale Bremen noch 82.000, so stieg sie bis 1890 auf 125.000 und verdoppelte sich in den zwei folgenden Jahrzehnten bis 1910 auf 250.000.

Neben einigen Tabak verarbeitenden Betrieben und kleineren Werften gab es bis ins letzte Viertel des 19. Jahrhunderts keine nennenswerte Industrie in der Stadt. Auch anschließend waren die entstehenden Industriebetriebe – mit wenigen Ausnahmen eng mit Handel und Schifffahrt verbunden. Den Kern dieser Industrien bildete der Schiffbau. Vor allem die Reedereien, aber auch alteingesessene Handelshäuser ergriffen bei den Gründungen und dem Ausbau der Bremer Werften die Initiative. Der Schiffbau konzentrierte sich neben einigen kleineren und mittleren Betrieben vor allem auf zwei Großunternehmen. Von der Aktiengesellschaft Weser war schon die Rede. Sie ging aus der 1843 gegründeten Eisengießerei C. Waltjen & Co. hervor, die 1872 mit bremischem Kaufmannskapital in die Aktiengesellschaft Weser umgewandelt wurde. Sie entwickelte sich in den folgenden Jahren zum dominierenden Industrieunternehmen der Region. Zum zweiten führenden Schiffbaubetrieb entwickelte sich der Bremer Vulkan in Vegesack, der 1893 als Aktiengesellschaft aus der 1805 gegründeten Werft von Johann Lange hervorging.

Neben dem Schiffbau sind als zweite zentrale Gruppe in der bremischen Industrie jene Unternehmen zu nennen, die die überseeischen Rohstoffe verarbeiteten. Neben der schon älteren Tabakindustrie war dies vor allem die Textilindustrie mit so bekannten Unternehmen wie der 1873 gegründeten Bremer Jute-Spinnerei und Weberei, der 1883 entstandenen Bremer Woll-Kämmerei sowie der Norddeutschen Wollkämmerei und Kammgarnspinnerei, eher bekannt unter dem Namen „Nordwolle“, die 1883 von Gustav Lahusen errichtet wurde.

Auch das Brauereigewerbe war in Bremen stark vertreten. Beispielhaft für diese Entwicklung sei die Firmengruppe Haake-Beck genannt, die seit 1887 Aktiengesellschaft war. Ihre wichtigsten Aktionäre waren die Bremer Bankiers August und Ernst Weyhausen sowie das Bankhaus Schultze & Wolde, das später auf die Disconto-Gesellschaft überging.

Dass sich außerdem Betriebe der Hüttenindustrie, der Automobil- und Flugzeugindustrie in Bremen ansiedelten, trieb Heinrich Wiegand voran, der 1892 die Leitung der damals größten deutschen Reederei, des Norddeutschen Lloyd, übernahm.

Er erkannte, dass langfristig die Frachtaufträge für sein Unternehmen nur durch Ansiedlung von Industriebetrieben in Bremen zu sichern waren. Der Norddeutsche Lloyd beteiligte sich daher seit der Jahrhundertwende an diesen Industriezweigen.

Der von Hermann Henrich Meier 1857 gegründete Norddeutsche Lloyd, der um 1880 eines der größten Schifffahrtsunternehmen der Welt war, zählte zu den ältesten Bremer Geschäftsverbindungen der Deutschen Bank. Schon im Juli 1874 nahm der Norddeutsche Lloyd einen Blankokredit der Filiale Bremen in Höhe von 2 Millionen Mark und einer Laufzeit von sechs Monaten in Anspruch. Da der Kapitalmarkt im Jahr nach der Gründerkrise nicht aufnahmefähig war, gelang es dem Norddeutschen Lloyd nicht, den Kredit mit einer Anleihe abzulösen. Meier suchte daher um eine Verlängerung des Blankokredits nach. Die Prüfung der Aktiva und Passiva der Reederei ließ die Bremer Filialleiter „keine Gefahr erblicken, das Geschäft von der Hand zu weisen. Im Gegenteil, wir halten das quest.[ionierte] Geschäft für ganz sicher und auch lohnend für uns“.[20] Der Kredit wurde prolongiert.

1883, der Kapitalmarkt hatte sich längst erholt und die Volumina waren gewachsen, übernahm ein Konsortium unter Führung der Bremer Filiale der Deutschen Bank Prioritäts-Anleihen des Norddeutschen Lloyd in Höhe von 15 Millionen Mark. Diese Emission ist auch deshalb interessant, weil der Vorstandssprecher der Deutschen Bank, Georg Siemens, der Bremer Filialleitung in diesem Zusammenhang die Grundsätze des Kapitalmarktgeschäfts erläuterte. Wie er betonte, sollte die Bank nicht nur den eigenen Gewinn und den Erfolg des Emittenten im Blick haben, sondern ebenso an einer stabilen Preisbildung des an den Markt gebrachten Papiers und an einem breiten Investorenkreis interessiert sein:

> Es tut uns allen hier herzlich leid, daß die Durchführung des Lloyd-Geschäftes mit so vielen beiderseitigen Schwierigkeiten verbunden ist [...]. Dieselben liegen in der durchaus verschiedenartigen Auffassung des Geschäfts. Bremen betrachtet dasselbe von dem del credere Gesichtspunkt aus: d. h. man garantiert dort dem Lloyd, daß er das Papier los wird, bringt es im Publikum unter, sorgt nachher nicht mehr weiter dafür und überläßt es dem lieben Gott und dem Lloyd, was nachher später aus dem Papier und dem Course wird. Die dortigen Beschlüsse des Syndikats-Ausschusses sind insofern ganz konkludent. [...] Die Berliner Behandlung ist die entgegengesetzte und geht von einem ganz anderen Standpunkt aus: Die Berliner Häuser sehen wegen ihres Emissionskredites darauf, daß die Sache geht. Wir bestreben uns, einen möglichst starken Markt zu etablieren, auf dem jeder kaufen und verkaufen kann. Wir suchen den Cours

demnächst etwas zu steigern, damit jeder Freude an seiner Sache hat. Wir laufen die Gefahr, daß Jemand uns Obligationen zum Rückkauf präsentieren könnte, ganz gern, weil wir im Interesse des Marktes Geschäft in der Sache etablieren, d. h. einen möglichst großen Interessentenkreis schaffen wollen. Gerade in diesem zu bildenden Markte sehen wir die beste Garantie dagegen, daß in dem Papier nicht später allzustarke Schwankungen vorkommen, und wir bringen somit anfangs Opfer, um das Papier für spätere zukünftige Eventualitäten sicher zu stellen. Eine in dieser Weise gelungene Emission erhöht den Credit des Emissionshauses, und die heutige Ausdehnung des Berliner Geschäftes beruht wesentlich auf dieser Erkenntnis.[21]

Wie Siemens deutlich machte, zog die Bank in Berlin stets auch die Käuferseite und eine stabile Kapitalmarktentwicklung in die Überlegungen ihres Emissionsgeschäfts ein. Sie übernahm damit bewusst volkswirtschaftliche Verantwortung, handelte aber zugleich im Interesse ihrer inzwischen breiten Wertpapierkundschaft, denen sie Zins- und Dividendenwerte mit möglichst stabilen Kursen und Ausschüttungen vermitteln wollte. Auch nach der Markteinführung sah sich die Bank in der Pflicht, für eine langfristige Wertentwicklung, der von ihr emittierten Papiere zu sorgen und diese nicht allein als Risiko des Anlegers zu betrachten.

Georg Siemens war von 1870 bis 1900 der erste Vorstandssprecher der Deutschen Bank.

Das Kapitalmarktgeschäft zog die Berliner Zentrale konsequenterweise immer stärker an sich. Auch die Kapitalerhöhungen des Norddeutschen Lloyd wurden ab 1889 in Berlin betreut.

Der „Aufsichtsrat" der Bremer Filiale

Schon die erste Satzung der Deutschen Bank vom März 1870 sah „Ausschussräte" vor. In § 28 – Verwaltungsrat – hieß es damals: „Im Falle Zweigniederlassungen, Agenturen oder Kommanditen an anderen Plätzen errichtet werden, bleibt es vorbehalten, an diesen Plätzen Ausschussräte zu konstituieren, welche von dem Verwaltungsrate mit Vollmacht zu versehen sind." Ähnliche lokale Gremien existieren bis heute – wenn auch mit anderen Funktionen als „Beiräte".

Nach Eröffnung der Bremer Filiale wurde umgehend ein solcher Ausschussrat gebildet, der bis 1879 nach außen hin die Bezeichnung Aufsichtsrat trug. Am 5. Juli 1871 kam das Gremium zu seiner ersten Sitzung zusammen. Seine Mitglieder waren die beiden Gründungsaktionäre der Bank Alexander Georg Mosle und George Albrecht sowie Franz Ernst Schütte, Chef der gleichnamigen Ölhandelsfirma, und der Teilhaber der Firma Melchers Gebrüder & Co., Carl J. Fuhrken. Außerdem gehörten die beiden Filialdirektoren von der Heyde und Krüger dem Ausschussrat an, der Mosle zum Vorsitzenden und Albrecht zu dessen Stellvertreter wählte. Wie schon erwähnt, gehörten beide zugleich dem Verwaltungsrat der Gesamtbank in Berlin an.

Der Ausschussrat konnte Geschäfte der Filiale weitgehend mitbestimmen und kontrollieren. Seine Mitglieder trafen sich in der Regel einmal im Monat, bei Bedarf fanden auch außerordentliche Sitzungen statt. Die Aufgaben waren vielfältig. Das Sitzungsprotokoll vom 25. Juli 1871 verzeichnet beispielsweise die Genehmigung der „Engagements" der ersten „Beamten" und ihre Funktionen. In derselben Sitzung wurden der Direktion ihre „Contracte" ausgehändigt und eine regelmäßige Revision beschlossen: „Zur Revision der Casse, des Portefeuilles & der Effecten" wurden die Werktage nach dem letzten „Cassiertage am Schluss eines jeden Monats" festgesetzt. Sie sollte „morgens 8 3/4 Uhr durch zwei Ausschussratsmitglieder" erfolgen.[22]

Auch bei der Kreditvergabe war der Bremer Ausschussrat beteiligt. Er legte Kreditsätze fest und prüfte regelmäßig die Kreditengagements der Bremer Firmen, was auch dazu führen konnte, dass Verlängerungen von Krediten abgelehnt oder zur Entscheidung an die Zentrale verwiesen wurden.

Selbst kleinere Alltagsentscheidungen mussten dem Ausschuss vorgetragen werden. So lehnte er im Juli 1871 den Umbau des Direktorenzimmers zunächst ab, bewilligte ihn jedoch einen Monat später, nachdem sich herausgestellt hatte, dass hinreichend Platz vorhanden war. Am 5. Dezember desselben Jahres ging es um die Schlüsselverteilung: „Auf Antrag der Direction wurde es für gut befunden, die Nebenschlüssel zur Haupttür des Tresors den Beamten Herren Corssen & Glantop [...] einzuhändigen. Die Herren von der Heyde & Krüger behalten demnach jeder einen Hauptschlüssel & einen Schlüssel zu dem Vorhängeschloss vor dem Tresor."[23]

In der Sitzung am 16. September 1879 stand die Pünktlichkeit der Mitarbeiter auf der Tagesordnung. Abschließend wurde folgender Beschluss gefasst: „Um das strenge Innehalten der vorgeschriebenen Bureaux-Stunden zu fördern, wird die Direction ermächtigt, eine Ordnungsstrafe für Zuspätkommen einzuführen und zwar der Art, dass ein jedesmaliges Eintreffen von einem der Angestellten (Direction und Procuristen ausgeschlossen) im Comptoir nach dem Glockenschlage 9 und 3 der Comptoir Uhr, einen Abzug von 1 Mark für den Betreffenden von einer demnächst zu verteilenden Gratification zur Folge hat und in einem zu diesem Zweck aufliegenden Controllbuch vermerkt wird. Die Summe der Abzüge, die jährlich am 1. März festgestellt wird, verfällt dem Gratifikationsfond. Über die Gültigkeit einer Entschuldigung für zu spätes Kommen entscheidet die Direction."[24]

In der Katharinenstraße 6 war die Filiale Bremen in den beiden ersten Jahrzehnten untergebracht, hier eine Aufnahme von 1905.

In den Geschäftsberichten der Deutschen Bank wurden die Mitglieder des Bremer Beirats erstmals 1885 aufgeführt. Die Liste zeigt, dass einige der wichtigsten Bremer Fernhandelshäuser in die Leitung der Niederlassung eingebunden waren, und macht deutlich, wie wichtig die Außenhandelsfinanzierung für das Geschäft der Filiale Bremen vor dem Ersten Weltkrieg blieb. Neben George Albrecht, der dem Beirat weiterhin angehörte, waren Theodor Lürman, Mitinhaber des Handelshauses Stephan Lürman & Sohn, der Kaufmann Gustav Scholl, Johann Smidt, Mitinhaber der Handelsfirma Schröder, Smidt & Co. in Kalkutta, und Heinrich Julius Lackemann, Mitinhaber des gleichnamigen Handelshauses, darin vertreten. Erst im Geschäftsbericht für 1934 wurde auch ein Vorsitzender des Beirats genannt. In den Jahren 1934 bis 1945 hatte Philipp Heincken, der Präsident des Norddeutschen Lloyd, dieses Amt inne. Er gehörte dem Aufsichtsrat der Deutschen Bank seit 1913 und dem Bremer Beirat seit 1920 an.

Sitzungszimmer der Filiale Bremen in der Katharinenstraße.

Das Verhältnis zwischen Filiale und Zentrale

Die Beziehungen der Zentrale der Bank zu ihren Filialen waren von Anfang an nicht konfliktfrei. Dafür waren die jeweiligen Interessen zu unterschiedlich. Auf der einen Seite stand der Wunsch, die Bank nach allgemeinen Richtlinien zu führen, auf der anderen Seite das Bemühen, flexibel auf die Gegebenheiten vor Ort und die Kundenwünsche eingehen zu können. Während die unternehmerische Initiative der Filialen geschätzt wurde, waren diese zugleich auf die Finanzkraft und das Netzwerk der Gesamtbank angewiesen. Daran glaubte man in Berlin im März 1874 erinnern zu müssen, als man nach Bremen schrieb: „Wenn die Bremer Filiale mit 500.000 Talern ein selbstständiges Institut wäre, so würde sie weder die augenblicklich bei Ihnen liegenden Depositen haben, noch in der Lage sein, das von Ihnen betriebene Remboursgeschäft in der von Ihnen betriebenen Ausdehnung zu machen, noch endlich alle Accepte in London provisionsfrei haben etc. etc."[25]

Neben der täglichen Korrespondenz, die beispielsweise zwischen Berlin und Bremen hin und her ging, dienten schon bald Direktorensitzungen, zu denen auch die Filialleiter geladen wurden, dem Informationsaustausch und Interessenausgleich. So schrieb der Vorstand im Oktober 1876 an die Filiale Bremen, „daß in der heutigen Sitzung unseres Gesamtdirectoriums der Beschluß gefaßt worden ist, die Directionen der Filialen (Bremen und Hamburg) monatlich einmal zu einer Beratung hier am Platze zu vereinigen und sowohl allgemein interessierende Gegenstände als auch specielle Verhältnisse der Filialen (namentlich Creditgewährungen) zu erörtern. Wir versprechen uns von diesen regelmäßigen Zusammenkünften in Folge des lebhafteren persönlichen Meinungsaustausches ersprießliche Resultate und wünschen diese Einrichtung sofort ins Leben treten zu lassen. Die Versammlungen sollen am 15. jeden Monats (und sofern dieser auf einen Sonntag fallen sollte, am nächstfolgenden Tage) stattfinden, und bitten wir Sie demgemäß bereits zum 15. d.[es] M[ona]ts. ein Direktionsmitglied hierher zu delegieren."[26]

Wie wenig sich am Verhältnis zwischen Zentrale und Filiale in den nächsten Jahrzehnten änderte, zeigt ein Bericht aus dem Jahr 1903:

> An den großen Seeplätzen Hamburg und Bremen stehen den Filialdirektoren Lokalkomitees mit ihrer Sach- und Personenkenntnis und Erfahrung zur Seite. Tag für Tag haben die Filialen kurze Übersichten einzusenden. Am Ende jedes Monats schickt jede Filiale eine Bilanz mit allen Einzelbelegen an die Centrale. [...] Um im beständigen Konnex mit der Centrale zu bleiben, nehmen die Filialdirektoren in bestimmten Zwischenräumen an den großen Direktorialsitzungen teil, wo auch die volkswirtschaftlichen Grundsätze für die Tätigkeit der Bank festgelegt werden.

> Eine gewisse Garantie liegt, außer in der Einrichtung der Unterschriften, auch darin, dass jeder Beamte während seiner Urlaubszeit sein Ressort an einen anderen abtreten muss, wodurch die Möglichkeit der Aufdeckung etwaiger Vergehen grösser wird.[27]

Die Schattenseiten eines solchen Kontrollsystems wurden freilich ebenfalls benannt:

> Denn einerseits sind die örtlichen Verschiedenheiten und die Arten der Geschäftskombinationen so groß, dass eine individuelle Behandlung notwendig ist. Andererseits verlangt das Bankgeschäft eine Initiative, deren Maß sich nicht reglementieren lässt. Schließlich lässt sich auch nicht jeder Filialleiter in ein Reglement sperren. Man darf ja nicht vergessen, dass die Herren, die an der Spitze der großen Filialen unserer ersten Banken stehen, teilweise wirkliche Kapazitäten ihres Faches sind […]. Das, was über den Erfolg oder Misserfolg des Filialsystems entscheidet, ist sonach nicht die Kontrolle, nicht die Revision, sondern die richtige Auswahl der Persönlichkeiten.[28]

Im Jahr 1908, die Zahl der Filialen der Deutschen Bank hatte sich mittlerweile auf acht erhöht, entschloss sich die Zentrale dazu, die Firmenbezeichnung aller Filialen der Bank zu vereinheitlichen. Der Name Deutsche Bank musste von nun an vorangestellt werden. Die „Bremer Filiale

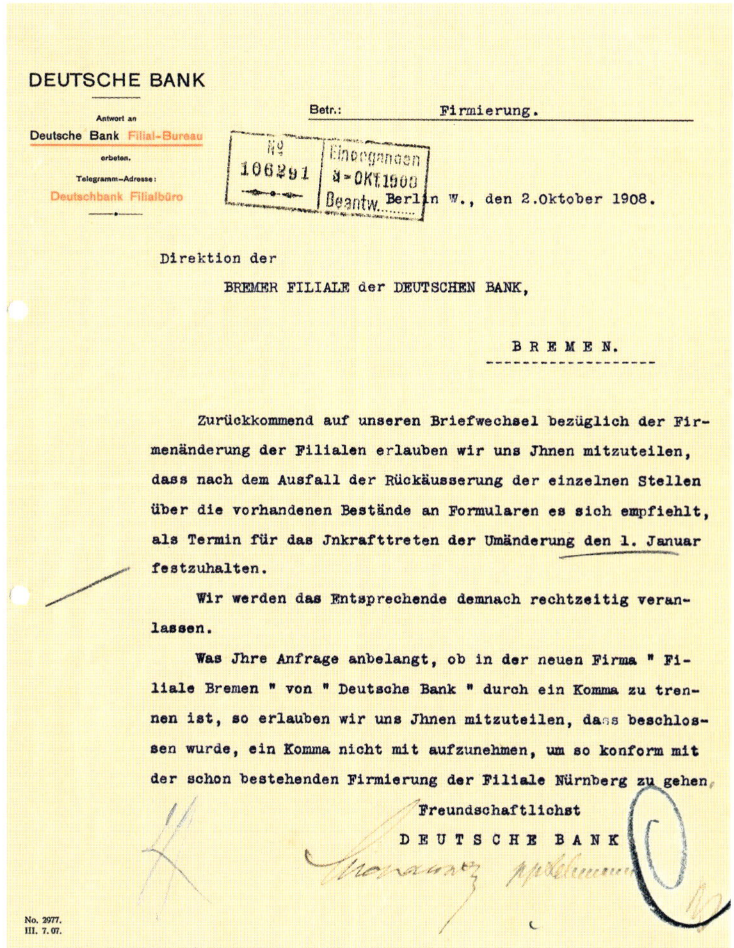

DEUTSCHE BANK

Antwort an
Deutsche Bank Filial-Bureau
erbeten.

Telegramm-Adresse:
Deutschbank Filialbüro

Betr.: Firmierung.

№ 106291 | Eingegangen 3-OKT.1908 | Beantw.

Berlin W., den 2.Oktober 1908.

Direktion der

BREMER FILIALE der DEUTSCHEN BANK,

BREMEN.

Zurückkommend auf unseren Briefwechsel bezüglich der Firmenänderung der Filialen erlauben wir uns Jhnen mitzuteilen, dass nach dem Ausfall der Rückäusserung der einzelnen Stellen über die vorhandenen Bestände an Formularen es sich empfiehlt, als Termin für das Jnkrafttreten der Umänderung den 1. Januar festzuhalten.

Wir werden das Entsprechende demnach rechtzeitig veranlassen.

Was Jhre Anfrage anbelangt, ob in der neuen Firma " Filiale Bremen " von " Deutsche Bank " durch ein Komma zu trennen ist, so erlauben wir uns Jhnen mitzuteilen, dass beschlossen wurde, ein Komma nicht mit aufzunehmen, um so konform mit der schon bestehenden Firmierung der Filiale Nürnberg zu gehen.

Freundschaftlichst
DEUTSCHE BANK

No. 2977.
III. 7. 07.

Schreiben der Zentrale Berlin an die Filiale Bremen zur Neuregelung der Firmierung der Filialen im Jahr 1908.

der Deutschen Bank“ firmierte nun als „Deutsche Bank Filiale Bremen“ – und zwar ohne Komma vor der jeweiligen Filiale, wie ein Rundschreiben der Zentrale in Berlin ausdrücklich festlegte. Die Neufirmierung sollte einheitlich zum 1. Januar 1909 vorgenommen werden, „damit bis dahin die alten Bestände an Formularen wenigstens zum größten Teil aufgebraucht werden können“. Während die Weiterbenutzung von Scheck- und Wechselformularen nicht möglich war, sollten Briefbögen aber ruhig weiterverwendet werden. Die Geschäftsleitung in Bremen konnte sich mit dieser Umbenennung durchaus anfreunden, da die Filiale häufig mit der „Bremer Bank Filiale der Dresdner Bank“ verwechselt wurde.

Wein und Kaffee aus Bremen

Bei der fast täglichen Korrespondenz zwischen den Mitgliedern des Vorstands und der Filialleitung konnte es passieren, dass auch private Mitteilungen zwischen die Zeilen gerieten. Da Bremen eine lange Tradition im Handel von Luxusprodukten wie Kaffee, Tee und Wein hatte, blieben Begehrlichkeiten nach diesen Produkten in Berlin nicht aus. Schon ein halbes Jahr nach der Eröffnung der Filiale Bremen erkundigte sich das Vorstandsmitglied Andreas Friedrich Mölle nach Bezugsquellen für Kaffee und Rotwein:

> Meine Frau hat, so lange mein ältester Sohn in Bremen war, ihren Bedarf an Kaffee von dorther bezogen und ist umso betrübter, daß diese Bezüge aufgehört haben, weil ich die Zahlung in der Regel selbst geleistet und aus dem Wirthschaftsgelde nicht erstattet erhalten habe. Als guter Ehemann, der ich stets gewesen bin, möchte ich meiner Frau gern eine kleine Überraschung bereiten und wollte mir die freundliche Bitte erlauben, ob Sie mir dabei nicht behülflich sein möchten, ich denke nämlich, daß es Ihnen bei Ihrer ausgebreiteten Bekanntschaft nicht schwer fallen wird, einen Sack guten Kaffee zu bestellen und unter meiner Adresse (Schöneberger Ufer 30) hierher senden zu lassen, per Bote. Die Zahlung bitte ich für meine Rechnung leisten zu lassen und der Deutschen Bank für meine Rechnung aufzugeben. Im Voraus verbindlichsten Dank.

> Haben Sie nicht gute Rotweinquellen dort oder in Bordeaux?[29]

In Bremen wusste Ferdinand von der Heyde mit beidem zu helfen:

> Es wird mir ganz besonders Vergnügen machen, Ihnen hier dienlich zu sein, an guter billiger Quelle, habe bereits einige Proben bestellt, nach getroffener Wahl, werde ehestens einen Sack Caffee an die von Ihnen bezeichnete Adresse abgehen lassen, hoffentlich treffe ich es mit dem Geschmack Ihrer Frau Gemahlin; leider sind die Preise von Caffee in den letzten Monaten ganz wesentlich gestiegen, aber, gefrühstückt muß doch werden! – Mit Rotwein kann ich Ihnen sehr gut dienen, mein Schwager ist Chef der seit 50 Jahren u[nd] länger hier bestehenden Weinhandlung, Joh. Eggers Sohn & Co., hält ein großes Lager im Zollverein (Verden) von wo aus er Ihnen jeden beliebigen Auftrag steuerfrei effectivieren kann. Ich bezahle ihm für gewöhnlichen Tischwein ca. 8 S[ilber]gr[oschen], lassen Sie mich nur ungefähr Ihre Wünsche wissen, damit eine kleine Probesendung an Sie abgehen kann.[30]

Ob die Probesendung den Geschmack des Empfängers traf, ist nicht überliefert, Mölle trat noch Anfang 1872 aus dem Vorstand der Deutschen Bank aus.

Nahezu Pflicht für Gäste aus Berlin war ein Besuch des Bremer Ratskellers, in dem Weine bereits seit 1405 ausgeschenkt und gehandelt werden und dessen Schatzkammer schon im 19. Jahrhundert einen legendären Ruf genoss. Im August 1883 war der Vorstandssprecher der Deutschen Bank – kurz vor seiner Abfahrt in die USA – im Ratskeller zu Gast. Wie er seiner Frau schrieb, waren die schon gereiften Weine aus dem Rheingau, die er verkostete, der einzige Lichtblick dieses Abschiedsmahls: „Am Abend vor der Abfahrt war Festlichkeit im Bremer Ratskeller, wo wir Hallgarten 1874 und Rüdesheimer 1876, der recht gut war, nebst einigen Brötchen vorgesetzt erhielten, dafür spottschlechte Reden hören mußten."[31] Die Reise durch die USA, die der Eröffnung der transkontinentalen Eisenbahnlinie Northern Pacific diente, beeindruckte Siemens dagegen umso mehr.

Die Angestellten der Bremer Filiale

Kapazitäten ihres Fachs waren sicher die beiden ersten Direktoren der Filiale Bremen, Georg Friedrich Krüger und Ferdinand von der Heyde, deren Berufsweg bereits kurz beschrieben wurde. Beide wussten „durch Kulanz und Entgegenkommen sich das Vertrauen der hiesigen kaufmännischen Kreise zu erwerben und zu erhalten" – urteilte die *Weser-Zeitung* anlässlich des 25-jährigen Jubiläums der Filiale. Besonders die Berufung von Ferdinand von der Heyde, der über 30 Jahre – bis zum 31. Dezember 1902 – die Filiale leitete, wurde aufgrund seiner langjährigen Tätigkeit im Ausland, seiner vielfachen Beziehungen in seiner Heimatstadt und „seiner persönlichen Eigenschaften" in der Bremer Presse als „sehr glücklicher Griff seitens der Verwaltung" bezeichnet. Auch nach seinem Ausscheiden 1902 „hat er es sich nicht nehmen lassen, täglich in der Bank zu erscheinen, ihr auf Grund seiner reichen Erfahrungen mit Rat und Tat zur Seite zu stehen, und damit das hohe Interesse, das er der Weiterentwicklung des Unternehmens bewahrte, auch in dieser Form zum Ausdruck zu bringen", hieß es in der Broschüre zum 50-jährigen Jubiläum der Bremer Filiale.[32] Von der Heyde starb am 7. November 1915 im Alter von 80 Jahren.

Beispielhaft seien hier noch einige Führungspersönlichkeiten aus den ersten Jahrzehnten der Filiale Bremen hervorgehoben: Als Nachfolger von Georg Friedrich Krüger, der Ende Dezember 1886 aus der Leitung der Filiale Bremen ausschied, begann am 1. Januar 1887 Eugen Eduard Krug seine Tätigkeit. Krug hatte zunächst in Bremen im Im- und Exportgeschäft von Carl Eduard Meyer begonnen, war dann in ein New Yorker Bankhaus gewechselt und übernahm 1873 die Leitung der neuen Filiale Yokohama der Deutschen Bank, die zugleich mit der Niederlassung in Schanghai eröffnet worden war. Nach Schließung der ostasiatischen Niederlassungen kehrte er 1875 in die Zentrale nach Berlin zurück, wo er 1883 stellvertretender Direktor wurde. 1887 ging er nach Bremen, wo er bis Jahresende 1911 tätig war. Über seine berufliche Tätigkeit hinaus engagierte sich Krug auch politisch. Er gehörte lange Jahre der Bremer Bürgerschaft an und war seit 1911 deren Vizepräsident. Nach seinem Ausscheiden aus der Filialleitung wirkte Krug bis zu seinem Tod im Oktober 1919 weiterhin im Beirat der Filiale Bremen mit.

Der stellvertretende Direktor Christian Corssen gehörte der Filiale Bremen fast 40 Jahre an. Nach einer Lehre im Bankgeschäft J. E. Ruben in Bremen begann er am 1. Juli 1871 als „Erster Kassierer" in der neu eröffneten Niederlassung. 1875 hatte er bereits Prokura und am 1. Januar 1892 wurde er zum stellvertretenden Direktor ernannt. Im Dezember 1909 schied er nach einem Schlaganfall aus der Filialleitung aus.

Im Mai 1905 begann Alexander Freiherr von Rössing seine Tätigkeit als Direktor der Bremer Niederlassung. Er war zuvor Teilhaber der Han-

Die zweite Generation der Bremer Filialdirektoren: Eugen Eduard Krug (links), Christian Corssen (Mitte) und Alexander Freiherr von Rössing.

delsfirma Behn, Meyer & Co. in Singapur gewesen, wo auch bereits Ferdinand von der Heyde seine Karriere begonnen hatte. Die Erfahrung im Handelsgeschäft war einmal mehr entscheidend. Von Rössing blieb bis 1931 in der Leitung der Filiale Bremen – ein wichtiger Faktor personeller Kontinuität in den Umbrüchen des Ersten Weltkriegs und der Weimarer Republik. Er gehörte übrigens zu den nur drei Nobilitierten, die für die Bremer Unternehmerschaft nachgewiesen werden können – neben dem Textilkaufmann Ludwig Knoop, der 1877 den Titel eines russischen Barons erhielt, und dem Kaufmann Adolf Andre. Nobilitierungen waren im Bremer Bürgertum ausgesprochen verpönt. Von Rössing war jedoch eine Ausnahme, da er über landwirtschaftliche Besitzungen verfügte und aus einem alten preußischen Adelsgeschlecht stammte, sodass der Freiherrntitel lediglich erneuert wurde.

Die „Bankbeamten"

Mit dem Aufkommen der Aktienbanken und ihrer Entwicklung zu Großbanken entstand die soziale Gruppe der Bankangestellten oder „Bankbeamten". Man war nicht mehr – wie bisher etwa bei den Privatbankiers – als „Handlungsgehilfe" nur für ein paar Jahre angestellt, um sich dann selbstständig zu machen, sondern hatte eine Lebensstellung als „Bankbeamter". Durch die Bezeichnung „Beamter" wurde der Angestellte vom Arbeiter abgehoben und begrifflich in die Nähe des Staatsdieners gerückt. Ein vor dem Ersten Weltkrieg kursierendes Bonmot besagte zwar, ein „Bankbeamter" sei zu 5/7 Beamter und zu 2/7 Kaufmann, also nichts Halbes und nichts Ganzes, doch die tatsächlichen „Bankbeamten", die in der Regel eine Banklehre absolviert hatten, legten großen Wert auf diesen Titel. So beschwerte sich ein Mitarbeiter der Deutschen Bank: „Jeder Kassenbote und sonstige Schreiber nennt sich stolz ‚Bankbeamter' und dadurch wird unser Ansehen in der Gesellschaft nicht gerade gehoben."[33]

Angestellte der Filiale Bremen in der Korrespondenz-Abteilung im Jahr 1890.

Es waren vor allem junge Männer aus bürgerlichen Familien, die eine Ausbildung zum Bankkaufmann wählten. Sie verfügten meist über das „Einjährige", also die Mittlere Reife. Die Filialen der Deutschen Bank – in der Berliner Zentrale gab es keine Lehrlinge – wurden mit Bewerbungen förmlich überrannt. „Es vergeht nicht ein Tag, an dem nicht [...] bestens befürwortete Bewerbungsgesuche bei uns eingehen",[34] klagte das für Personalfragen zuständige Vorstandsmitglied Carl Michalowsky 1910. Die Attraktivität des Berufs des „Bankbeamten" bestand neben dem Sozialprestige zu einem großen Teil in den guten Verdienstmöglichkeiten und Aufstiegschancen. Auch wenn die Bankangestellten wohl wegen der großen Zahl der Bewerber zu Beginn des 20. Jahrhunderts nicht mehr wie in den 1870er-Jahren an der Spitze der Einkommenspyramide standen – das Niveau der jährlichen Einstiegsgehälter lag 1913 kaum über dem Jahreslohn eines Berliner Metallfacharbeiters –, so lockten doch bei entsprechender Bewährung im Beruf rasche Gehaltserhöhungen und Sondervergütungen.

Für die Filiale Bremen ist die Höhe einiger Gehälter für die ersten Jahrzehnte überliefert: Die beiden Direktoren von der Heyde und Krüger hatten 1871 und 1881 ein festes Jahresgehalt von 9.000 Mark; dazu kamen jährliche Tantiemen, die von der Zentrale in Berlin jeweils in Bezug auf den Gesamtgewinn der Bank festgesetzt wurden. 1878 betrugen diese 11.000 Mark und 1881 15.000 Mark. Auch wenn Umrechnungen historischer Währungen immer problematisch sind, gibt die Deutsche Bundesbank die Kaufkraft einer Mark aus den Jahren 1878/1881 mit 7,30 Euro im Durchschnitt des Jahres 2020 an.[35] Dazu muss angemerkt werden, dass die „Sozialabgaben" und Steuern damals nur etwa 12 bis 15 Prozent betrugen.

Die Entwicklung der Gehälter der anderen Angestellten und sonstigen Mitarbeiter der Bremer Filiale lassen sich für die Jahre 1871 bis 1886 gut verfolgen (vgl. Tabelle 1).

Tabelle 1: Gehälter p. a. (in Mark)

Mitarbeiter/Funktion	1871	1876	1881	1884	1886
Prokurist-Kassierer (J. Corssen)	1.500	3.500	5.200	6.000	6.500
Hauptbuchhalter (O. Koch)	1.200	2.500	3.400	3.700	3.900
Buchhalter	850	1.800	2.600	3.000	3.100
Correspondent	1.000	2.000	2.800	3.100	3.300
Mitarbeiter Effektenabteilung	850	1.800	2.600	3.000	3.100
Bote/Diener	850	1.000	1.200	–	–

Auch bei diesen Angestellten und selbst beim Bankdiener kamen Gratifikationen oder persönliche Zulagen hinzu. So erhielt der Prokurist Corssen für 1886/87 neben seinem Gehalt von 6.500 Mark eine Gratifikation von 1.750 Mark sowie eine „persönliche Zulage" von 5.000 (!) Mark.

Lehrlinge erhielten während der Lehrzeit kein Gehalt, sondern nur eine „Gratifikation", sprich ein „kleines Taschengeld", das 1881 in der Bremer Filiale im ersten Lehrjahr 50 Mark p. a. und im dritten Lehrjahr 200 Mark p. a. betrug. Nach Abschluss ihrer dreijährigen Lehrzeit konnten

Die Kassenhalle der Filiale Bremen um 1920. Weibliche Angestellte gehörten inzwischen zum Arbeitsalltag des Bankgeschäfts.

sie damit rechnen, mit einem Anfangsgehalt von 1.200 bis 1.500 Mark p. a. angestellt zu werden.

Die Gehaltslisten der Bremer Filiale sowie alle Gehaltszulagen gingen zunächst an die Zentrale nach Berlin. Hier wurden sie dem Verwaltungsrat (ab 1884 dem Aufsichtsrat) der Deutschen Bank zur Genehmigung vorgelegt. Dieser Instanzenweg musste eingehalten werden, sonst gab es Unannehmlichkeiten. Am 14. Januar 1881 schrieben die Vorstandsmitglieder Georg Siemens und Rudolph Koch an die Bremer Filialleitung: „Auf Ihr an unseren Beamten Herrn Rauch gerichtetes gef[ä]l.[liges] Schreiben v. 6. d.[es] M.[onats] bedauern wir in Berücksichtigung des § 14 Ihrer Geschäftsordnung ohne weiteres der von Ihnen bewilligten Gehaltszulage nicht zustimmen zu können, da hierzu erst die in § 20 unseres Statutes vorgeschriebene Genehmigung unseres Verwaltungsrates erforderlich ist. Wir bitten Sie demnach, bei den in Rede stehenden Beamten die alten Gehaltssätze bestehen zu lassen und der Ordnung wegen zunächst die Genehmigung des Verwaltungsrates zu beantragen."[36]

Die zunehmende arbeitsteilige Organisation des Bankbetriebs ermöglichte es den Banken ab der Jahrhundertwende neben den qualifizierten – männlichen – Bankbeamten eine wachsende Zahl ungelernter bzw. angelernter Hilfskräfte einzustellen. Dies waren jetzt auch Frauen. 1912 arbeiteten jedoch erst 2.408 Frauen im gesamten deutschen Bankwesen. Sie waren etwa je zur Hälfte mit banktechnischen Aufgaben und mit Hilfsarbeiten betraut. Erst mit Beginn des Ersten Weltkriegs, als viele Bankbeamte eingezogen wurden, stellten die Banken in größerem Umfang Frauen ein.

Bei der Bremer Filiale ist die Beschäftigung der ersten Frau im Jahr 1910 nachweisbar, Es handelte sich um eine Telefonistin, die ein Jahresgehalt von 720 Mark bezog. 1912 und 1913 wurden eine „Stenotypistin & Telefonistin" und eine weitere Telefonistin mit je rund 1.000 Mark Gehalt p. a. eingestellt. In der zweiten Jahreshälfte 1914 stieg kriegsbedingt auch in der Bremer Filiale die Zahl der Frauen stark an. Jetzt wurden sie vor allem in der Buchhaltung, jedoch auch bei „Coupons & Sorten", im Giroverkehr, für Korrespondenz, im Wechsel-, Effekten- und Remboursgeschäft eingesetzt.

Die Zahl der Angestellten der Bremer Filiale stieg von 1871 bis 1896 von zunächst sieben auf 47 Mitarbeiter. 1914 waren 150 Personen beschäftigt und am 30. Juni 1921 betrug ihre Zahl 376 Personen, darunter vier Direktoren, acht Prokuristen und sieben Bevollmächtigte.

1896 – 25 Jahre Deutsche Bank in Bremen

Das 25-jährige Bestehen der Filiale Bremen wurde 1896 groß gefeiert. Am 4. Juli, einem Samstag, kamen Mitglieder des Aufsichtsrats und des Vorstands sowie Delegationen der Angestellten der Zentrale und der damals bestehenden Schwesterfilialen aus Hamburg, Frankfurt, München und London in Bremen zusammen. Außerdem waren die Spitzen der Bremer Behörden und die wichtigen Kunden geladen. Nach einem Festmahl in Hillmanns Hotel, an dem 42 Personen teilnahmen, fand ein abendlicher Umtrunk der auswärtigen und Bremer Angestellten in den Räumen des Kaufmännischen Vereins Union, Am Wall 205 statt. In Vorträgen und Gesang wurde die Ent-

Die Bremer Angestellten bei der Feier des 25-jährigen Filialjubiläums.

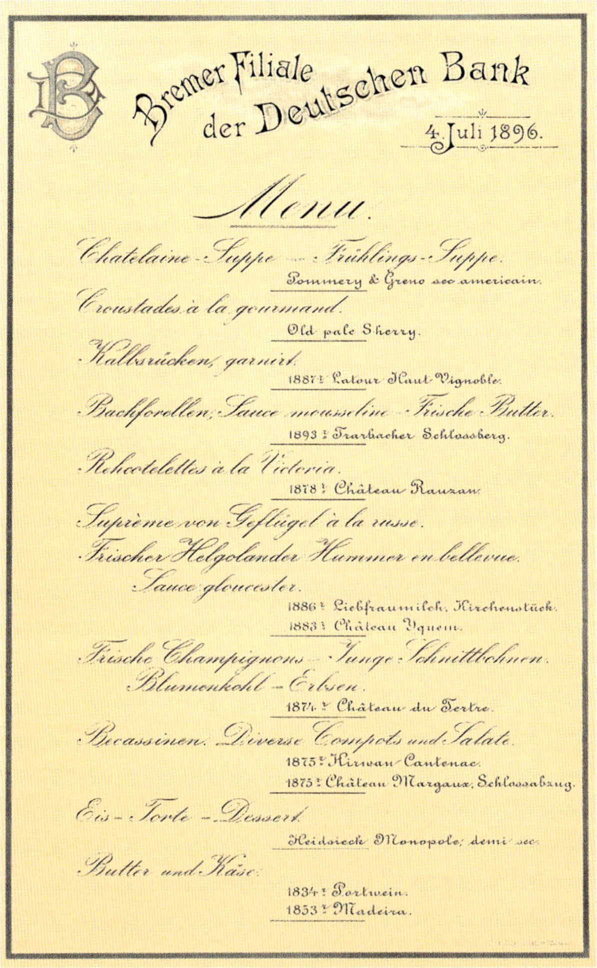

Festblatt und Menükarte zur Feier des 25-jährigen Bestehens der Filiale Bremen im Jahr 1896.

wicklung der Filiale gepriesen. Der Präsident des Aufsichtsrats des Norddeutschen Lloyd Geo Plate brachte seine Anerkennung zum Ausdruck: „Die Deutsche Bank ist ein so großes und mächtiges Institut geworden mit einer auf dem Gebiete des deutsch-überseeischen Handels so überaus segensreichen Tätigkeit, daß man nicht nur im bremischen, sondern auch im nationalen Interesse hoffen und wünschen muß, daß auch in Zukunft ihre Tätigkeit eine gleich segensreiche und von den allerbesten Erfolgen begleitet sein möge."

Das Gebäude am Domshof

Schon in den 1880er-Jahren war das Bremer Geschäft so gewachsen, dass die ursprünglichen Bankräume in der Katharinenstraße nicht mehr ausreichten. Die Filiale erwarb daher in den Jahren 1885 und 1889 am Domshof die Grundstücke Nr. 22-25 für insgesamt 463.200 Mark. Die dort stehenden Häuser wurden abgerissen, und am 28. Dezember 1891 bezog die Filiale ihr neues Domizil, das nach den Plänen der Architekten Wilhelm Martens aus Berlin und Friedrich Wilhelm Rauschenberg aus Bremen ab 1889 entstanden war. Das beeindruckende Gebäude aus rotem Mainsandstein mit Stilelementen der Neorenaissance und des Barock prägt bis heute die Westseite des Domshofs. Wilhelm Martens, einer der bedeutendsten Bankarchitekten, sollte nach der Jahrhundertwende auch die großen Erweiterungsbauten der Berliner Zentrale der Deutschen Bank entwerfen.

Die Häuser am Domshof 22–25 wichen 1889 dem Neubau der Deutschen Bank.

Der Neubau der Filiale Bremen wurde 1891 bezogen.

Die Konkurrenz baute schräg gegenüber auf der anderen Seite des Domshofs: In den Jahren 1901 bis 1905 errichteten die Architekten Albert Dunkel und Diedrich Tölken – ebenfalls in üppiger Neorenaissance – das Gebäude der Bremer Bank, die 1895 zur Filiale der Dresdner Bank geworden war.

Die Deutsche Bank konnte zunächst noch einen Teil der neuen Räume am Domshof vermieten. Zu Beginn des 20. Jahrhunderts machte dann die Entwicklung des Geschäfts eine zusätzliche Erweiterung notwendig. 1902 griff man auf die hinter dem Hauptgebäude an der Katharinenstraße gelegenen Räume zurück, in denen man einst angefangen hatte. Aber auch das reichte nicht lange. Die Zahl der Angestellten wuchs seit 1914 so schnell, dass weitere Büros benötigt wurden. Die bislang ebenfalls an andere Firmen vermieteten Räume im ersten und zweiten Stock des Hauses am Domshof mussten frei gemacht werden, um weiteren Büroraum für die Filiale zu schaffen. Die Wohnung des „leitenden" Direktors im ersten Stock wurde jetzt ebenfalls für Geschäftszwecke benötigt.

03

Die Filiale Bremen zwischen den Weltkriegen

Im Ersten Weltkrieg

Der Beginn des Ersten Weltkriegs veränderte schlagartig die Geschäftsgrundlage der Deutschen Bank. Insbesondere waren ihre auf den Außenhandel spezialisierten Filialen in Bremen und Hamburg beeinträchtigt. Im letzten Friedensjahr 1913 waren die Einfuhren nach Deutschland auf 10,7 Milliarden Mark, die Ausfuhren auf 10,1 Milliarden Mark angewachsen. Zur Finanzierung dieses Außenhandels hatte allein die Filiale Bremen Rembourskredite von 172 Millionen Mark zur Verfügung gestellt. Wie sehr dieses Volumen angewachsen war, zeigt der Vergleich mit dem Durchschnitt des Rembourskredits der ersten 25 Geschäftsjahre der Filiale, der lediglich 32 Millionen Mark betragen hatte.[37]

Truppenparade im Kaiserreich auf dem Domshof in Bremen vor dem Gebäude der Deutschen Bank.

Dieser Handel brach im August 1914 dramatisch ein. Entsprechende Finanzierungen wurden nicht mehr benötigt. Waren und Handelsschiffe wurden in aller Welt beschlagnahmt, die für die internationale Kommunikation so wichtigen Telegrafenverbindungen gekappt und Angehörige nunmehr verfeindeter Nationen ausgewiesen oder interniert. Über Nacht wurden aus langjährigen Geschäftspartnern Kriegsgegner. Für Bremen war die Schließung der Filiale London, die für die internationale Handelsfinanzierung, aber auch für den Devisen- und Goldhandel eine zentrale Rolle innerhalb der Deutschen Bank spielte, besonders schmerzhaft.

Die führenden deutschen Bankiers hatten während der Julikrise 1914 bis zuletzt gehofft, dass das britische Empire – Deutschlands wichtigster Außenhandelspartner – neutral bleiben würde. Nach der deutschen Kriegserklärung an Russland und Frankreich und der Verletzung der belgischen Neutralität durch den Einmarsch deutscher Truppen, war diese Hoffnung endgültig dahin. Am 4. August 1914 erklärte das Empire dem Deutschen Reich den Krieg. In der Londoner City wurden vom 3. bis 6. August Bankfeiertage verhängt. Am Morgen des 7. August fanden die Angestellten der Londoner Filiale der Deutschen Bank Polizeiposten vor dem Gebäude vor, und zugleich untersagte die britische Regierung der Filiale wie auch allen anderen Niederlassungen deutscher Banken jede Geschäftstätigkeit.

Neben dem Einbruch des Auslandsgeschäfts bestand im Sommer 1914 für die Filiale Bremen, wie für die gesamte Bankenlandschaft, eine der größten Herausforderungen darin, dass ein beträchtlicher Teil des Personals rasch zum Militärdienst eingezogen wurde und auf unabsehbare Zeit an den Arbeitsplätzen fehlte. Von den 150 Angestellten, die im ersten Halbjahr 1914 bei der Bremer Filiale beschäftigt waren, wurden im Lauf des Kriegs 110, also fast Dreiviertel, einberufen. Von diesen verloren 18 ihr Leben, vier weitere wurden vermisst. Von den während des Kriegs neu eingestellten Lehrlingen, die später eingezogen wurden, fielen zwei weitere, sodass die Filiale insgesamt 24 Kriegsopfer zu beklagen hatte.

Die einberufenen Angestellten konnten von der Deutschen Bank kaum ersetzt werden. „Wir konnten den Betrieb der Bank nur mit äußerster Anstrengung aller verbliebenen Beamten und Direktoren in geordnetem Gang erhalten, sahen uns zur Anstellung von weiblichem Hilfspersonal veranlasst“, hieß es im Geschäftsbericht für das Jahr 1914.[38] Nicht nur die eingezogenen Angestellten mussten ersetzt werden, auch die Ausdehnung des Filialnetzes und die mit der Geldentwertung zunehmende Zahl der Transaktionen verlangte eine Personalaufstockung. Im Unterschied zur Außenhandelsfinanzierung erforderten die mit dem Krieg gewachsenen Tätigkeiten im Inlandsgeschäft häufig geringere bankspezifische Fähigkeiten und wiesen ein höheres Maß an

Der Kassenschalter in der Kundenhalle am Domshof um 1918.

Mechanisierung auf, sodass sie auch von im Bankbetrieb Unerfahrenen nach kurzer Anlernphase ausgeübt werden konnten. Die Mitarbeiterzahl stieg indes stark an, von 1914 bis 1921 kam es zu mehr als einer Verdoppelung.

Zu den Geschäftsfeldern, die ab 1914 systematisch ausgebaut wurden, zählte das Einlagengeschäft, damals meist als Depositengeschäft bezeichnet. Bereits bei der Eröffnung der Filiale 1871 gehörte die Annahme von festverzinslichen Geldern zu ihrer Produktpalette. Dazu hieß es damals in der *Weser-Zeitung:* „Die Filiale der Deutschen Bank nimmt Depositen von 50 Thalern in Gold und in Courant, und verzinst sie zu dem festen Satze von 3 1/2 Procent […]." Die Erwartung der Deutschen Bank, dass dieser Geschäftszweig „in Anbetracht der Bequemlichkeit, die er gerade dem kleinen Handelsstande bietet, eine große Zukunft haben werde", bestätigte sich auch in Bremen. Die durch das Depositengeschäft eingesammelten Einlagen dienten bald als günstige Refinanzierungsquelle für die Kreditvergabe. Da der Kapitalmarkt zur Finanzierung der Industrie ab Kriegsbeginn weitgehend ausfiel, sollte dem Einlagengeschäft künftig noch größere Bedeutung zukommen.

Konsequenterweise baute die Filiale Bremen ihr Einlagengeschäft während des Kriegs kontinuierlich aus. Von 1914 bis 1918 wurden fünf Depositenkassen im Bremer Stadtgebiet errichtet:

Depositenkasse A:
Schwachhauser Heerstraße 2 (1.4.1914)
Depositenkasse B:
Utbremer Straße 62 (1.4.1914)
Depositenkasse C:
Vegesack (1.7.1914)
Depositenkasse D:
Sielwall (16.4.1917)
Depositenkasse E:
Nordstraße 15 (1.4.1918)

Die Bremer Depositenkassen A, B, D und E (im Uhrzeigersinn).

Mit den Depositenkassen wurde nicht nur die Bremer Hauptniederlassung vom Einlagengeschäft und vom zunehmenden bargeldlosen Zahlungsverkehr entlastet, sie boten vor allem dem wachsenden Kreis an Geschäfts- und Privatkunden außerhalb der eigentlichen Innenstadt verbesserte und bequemere Bankdienstleistungen. Die Kasse in Vegesack musste allerdings bereits am 31. Dezember 1919 wegen Personalmangels wieder schließen.

Im Dezember 1921 ging die Filiale Bremen über das eigentliche Bremer Stadtgebiet hinaus und eröffnete eine Filiale in Geestemünde, damals eine Stadt in der preußischen Provinz Hannover, die südlich der Mündung des namensgebenden Flusses Geeste in die Weser lag. 1924 wurde Geestemünde mit der Stadt Lehe zu Wesermünde vereinigt. In unmittelbarer Nachbarschaft lag das seit 1827 zum Stadtgebiet Bremen gehörende Bremerhaven, wo der Norddeutsche Lloyd und der berühmte Auswandererhafen angesiedelt waren. 1939 wurde auch Bremerhaven mit Ausnahme des eigentlichen Hafengebiets, das bei der Hansestadt blieb, Wesermünde eingegliedert. 1947 kam die Stadt Wesermünde schließlich zum Land Bremen und wurde in Bremerhaven umbenannt.

Werbung des Norddeutschen Lloyd für die Überfahrt nach New York um 1930.

Inflation und Stabilisierung

Die Folgen der Niederlage im Ersten Weltkrieg trafen Bremen hart. Aufgrund des Versailler Vertrages verlor die Stadt einen Großteil ihrer Handelsflotte. Auch der Verlust des deutschen Auslandsvermögens und nicht zuletzt wertvoller überseeischer Handelsbeziehungen belasteten die Wirtschaft. Dennoch kam der Warenverkehr, der während des Kriegs stark eingebrochen war, nach Friedensschluss rasch wieder in Gang. 1920 erreichte der Hafenverkehr schon wieder nahezu die Hälfte der Vorkriegswerte. Besonders deutlich wurde dies am Haupteinfuhrartikel Bremens: der Baumwolle. Hier vermochte die Hansestadt ihre erste Stellung auf dem Kontinent wiederzugewinnen.

Die steigenden Umsätze, die bereits während des Kriegs zu verzeichnen waren, gingen allerdings in erster Linie auf den Wertverfall der Mark zurück, der sich ab 1921 zur galoppierenden Inflation und schließlich zur Hyperinflation entwickelte. Der US-Dollar, der Ende 1921 noch mit 406 Mark notiert worden war, lag im Dezember 1922 bei rund 8.500 Mark und erreichte im November 1923 – dem Höhepunkt der Inflation – einen Wechselkurs von 4,2 Billionen Mark. Um die Währung zu stabilisieren, wurde schließlich am 15. November 1923 die Rentenmark eingeführt. Die Reichsbank tauschte dabei Rentenbankscheine gegen Banknoten im Verhältnis 1 Rentenmark = 1 Billion Mark um. Der Bremer Senat gab in dieser Zeit der höchsten Geldentwertung, im Oktober 1923, den „Bremer Dollar" aus. Er war – neben anderen angebotenen Geldersatzscheinen, wie beispielsweise der Roggenmark – das erste Zahlungsmittel in Deutschland, das wieder als wertbeständig angesehen werden konnte, dienten doch die Devisen, über die die Bremer Kaufleute als Gegenwert ihrer Exporte verfügten, als Deckung. Auch nach der Einführung der Rentenmark waren die „Bremer Dollar" noch

Bremer Notgeld aus der Zeit der Hyperinflation im Frühjahr 1923.

Die Deutsche Bank am Domshof, 1926.

einige Zeit im Umlauf. Mit den Gesetzen zur Ordnung des Geld- und Währungswesens vom 30. August 1924 wurde schließlich die Reichsmark die neue deutsche Währungseinheit.

Mit 37.000 Angestellten erreichte die Gesamtzahl der Beschäftigten der Deutschen Bank 1923 einen vorläufigen Höhepunkt. Auch der Personalbestand der Filiale Bremen, der 1921 bei 376 Personen gelegen hatte, war im November 1923 mit 590 Angestellten am höchsten. Der Zuwachs war auf die inflationsbedingten Umsatzsteigerungen und auf die durch die Geldentwertung kaum ins Gewicht fallenden Personalkosten zurückzuführen. Nach der Währungsstabilisierung zeigten die Personalzahlen in die andere Richtung. Viele der während der Inflationszeit beschäftigten Angestellten – man sprach sarkastisch von „Nullenschreibern" – wurden in den Jahren von 1924 bis 1928 entlassen. Ende 1924 war die Zahl der Bremer Filialangestellten bereits auf 367 gesunken, bis 1928 ging sie weiter auf 200 zurück.

Dennoch erwiesen sich die Räumlichkeiten als zu klein. Vorausschauend hatte die Bank jedoch bereits 1912 das neben dem Hauptgebäude am Domshof gelegene Museumsgebäude von der bremischen Museumsgesellschaft gekauft. Ein

Teil dieses Gebäudes konnte 1923 durch bauliche Veränderungen in den Bankkomplex Domshof/Katharinenstraße einbezogen werden.

Das Außenhandelsgeschäft stand nach der Währungsstabilisierung vor dem Problem, dass die Exporte einbrachen, da viele deutsche Erzeugnisse nun über dem Weltmarktpreis lagen. Besser lief das Geschäft mit Einfuhrartikeln – speziell von Baumwolle. Die Bremer Filiale konnte bei der Finanzierung und Abwicklung dieser Transaktionen wieder an ihre Vorkriegsposition anknüpfen.

Geleitet wurde die Filiale Bremen in den 1920er-Jahren neben dem bereits erwähnten Alexander Freiherr von Rössing von Max Uhlenhaut und Ferdinand Bultmann. Uhlenhaut war langjähriger Prokurist der Filiale London gewesen, bevor er 1910 in die Geschäftsleitung der neu eröffneten Filiale Brüssel wechselte. Nach der Schließung der Brüsseler Niederlassung bei Ende des Ersten Weltkriegs kam er 1919 nach Bremen, wo er den seit 1912 dort tätigen Direktor Max Koepke ersetzte, der zur Filiale Hamburg übertrat. Ferdinand Bultmann wurde 1921 in die Geschäftsleitung der Filiale Bremen berufen, für die er bereits seit dem 1. April 1872 tätig war. Uhlenhaut und Bultmann gehörten bis 1928 der Filialdirektion an.

Die Bremer Filialdirektoren Max Koepke, Max Uhlenhaut und Ferdinand Bultmann (v. l.).

Die Fusion mit der Disconto-Gesellschaft

Die industrielle Entwicklung und der immer größer werdende Wettbewerb führten auch in Deutschland sowohl in der Industrie als auch im Bankwesen zu einer immer stärkeren Konzentration. Bereits 1926 hatten die beiden führenden deutschen Kreditinstitute, die Deutsche Bank und die Disconto-Gesellschaft, Gespräche über einen Zusammenschluss aufgenommen, die schließlich am 29. Oktober 1929 vertraglich besiegelt wurden. Es war die bisher größte Fusion im deutschen Bankgewerbe. Der Zusammenschluss sollte der ständigen Steigerung der Betriebskosten, insbesondere der Personalkosten, entgegenwirken und der deutschen Industrie verstärkt Kredite für Investitionen und Sanierungen zukommen lassen. Das neue Institut firmierte zunächst unter dem Namen „Deutsche Bank und Disconto-Gesellschaft", bis es sich 1937 nur noch als „Deutsche Bank" bezeichnete.

Für die Bremer Filiale brachte die Fusion mit der Disconto-Gesellschaft eine bedeutende Erweiterung der Geschäftstätigkeit. Die Disconto-Gesellschaft hatte ihre Tätigkeit in Bremen im Jahr 1904 begonnen. Sie übernahm dabei das 1794 gegründete, angesehene Privatbankhaus J. Schultze & Wolde. Der Seniorchef Johann Georg Wolde wurde in den Aufsichtsrat der Disconto-Gesellschaft gewählt, während sein Bruder Heinrich August und ein weiterer Gesellschafter der alten Firma, Johann Christian Schlingmann, als Direktoren die Leitung der neuen Filiale der Disconto-Gesellschaft in Bremen übernahmen.

Die Filiale der Disconto-Gesellschaft in Bremen befand sich an der Langenstraße Ecke Stintbrücke. Das Gebäude wurde von 1910 bis 1912 nach Plänen des Berliner Architektenbüros Richard Bielenberg und Josef Moser im Stil der Neorenaissance errichtet.

Wie schwer es einem angesehenen Privatbankier damals fiel, sich in das System einer Großbank einzufügen, schildert eine Anekdote aus jener Zeit: Ein Angestellter kam in den ersten Geschäftstagen der neuen Filiale ins „Privatkontor" zu Heinrich August Wolde und redete ihn mit „Herr Direktor" an. „Ich verbitte mir das", knurrte Wolde zurück, „nennen Sie mich mit meinem ehrlichen Namen; Direktor kann jeder Besitzer eines Flohzirkus sein!"[39]

1907 trat Franz A. Boner in die Leitung der Disconto-Filiale in Bremen ein. Zuvor war der promovierte Jurist in Fortführung der väterlichen Berufstradition durch Beschluss des Bremer Senats zum vereideten Dispacheur bestellt worden, so hießen in den Hafenstädten die Sachverständigen für die Abwicklungen großer Havarien. Boner wurde 1922 in den Kreis der Geschäftsinhaber der Disconto-Gesellschaft in Berlin aufgenommen und gehörte nach der Fusion von 1929 bis 1932 dem Vorstand der Deutschen Bank und Disconto-Gesellschaft an.

Am 4. November 1929 wurden die Bremer Filialen der fusionierten Institute im Haus der Deutschen Bank am Domshof zusammengelegt. Das Bankgebäude der Disconto-Gesellschaft an der Langenstraße wurde an die Reichspost verkauft. Der mit der Fusion bezweckte Personalabbau wurde durch die Zusammenlegung der beiden Filialen und ihrer Abteilungen erreicht: Während vor der Verschmelzung beide Filialen zusammen 326 Mitarbeiterinnen und Mitarbeiter beschäftigten, sank diese Zahl im Januar 1930 auf 264 und bis Mitte 1931 auf 214 Angestellte.

Die Wirtschafts- und Bankenkrise

Als am 29. Oktober 1929 der Verschmelzungsvertrag zwischen Deutscher Bank und Disconto-Gesellschaft unterzeichnet wurde, erreichten die sich über mehrere Tage hinziehenden Kursverluste an der New Yorker Börse ihren Höhepunkt. Dieser Börsencrash gilt allgemein als der Beginn der Weltwirtschaftskrise. Es begann ein weltweiter Konjunkturniedergang mit deflatorischen Prozessen größten Ausmaßes. „Alle Welt sprach plötzlich nicht mehr von der Inflation mit ihren unaufhaltsam steigenden Preisen, sondern von der Deflation mit ihrem alarmierenden Preisverfall",[40] schrieb der sozialdemokratische Politiker Wilhelm Kaisen in seinen Erinnerungen. Als Wohlfahrtssenator in Bremen hatte er mit den sozialen Auswirkungen der Krise – insbesondere den hohen Arbeitslosenzahlen und den steigenden Wohlfahrtsleistungen – zu tun. Ihm sei damals oft der Kragen geplatzt „über so viel Dummheit", mit der die Welt regiert werde: „Was tat denn die Reichsregierung, um die Kaufkraft zu beleben? So gut wie nichts! Ihr saß noch der Schock von der Inflation in den Knochen. Sie betrieb bewußt die Politik der Deflation."[41]
Im Oktober 1930 gab es in Deutschland bereits 3,3 Millionen Arbeitslose; ihre Zahl stieg auf 4,3 Millionen im September 1931 und auf 5,1 Millionen im September 1932. Anfang Januar 1933 hatte sie die 6-Millionen-Grenze überschritten.

Die Finanzmärkte reagierten nach dem Kurseinbruch an der New Yorker Börse empfindlich auf Alarmmeldungen. Als bei der Reichstagswahl im September 1930 die Zahl der Reichstagsabgeordneten der NSDAP von 12 auf 107 stieg, kam es im Inland, aber vor allem im Ausland, zu großer Unruhe, was zu umfangreichen Abzügen kurzfristiger Auslandsgelder in Deutschland führte.

Die angespannte Wirtschaftslage in Deutschland erreichte 1931 einen weiteren Tiefstand: Im Mai begann mit dem Zusammenbruch der Österreichischen Credit-Anstalt in Wien die eigentliche Bankenkrise in Europa. Auslöser war, dass die von der Bank ausgewiesenen Verluste deutlich machten, dass nahezu ihr gesamtes Eigenkapital aufgezehrt war, was bei den Anlegern Panik auslöste. Sie zogen hohe Beträge kurzfristiger Gelder ab. Der Fall der Credit-Anstalt hatte in den nächsten Monaten gravierende Auswirkungen auf das deutsche Bankwesen. Auch wenn deutsche Banken nicht unmittelbar betroffen waren, heizte dieser Vorgang zwangsläufig die allgemeine Krisenstimmung an und führte zu weiteren Abzügen von Bankeinlagen. Kreditkündigungen der Auslandsgläubiger und eine Kapitalflucht ohnegleichen ergaben zudem hohe Devisenverluste bei der Reichsbank. Diese verlor allein im Juni 1931 nahezu 1 Milliarde Reichsmark in Gold, das war fast ein Drittel ihres Bestandes.

Auch in Bremen kam es zu Zusammenbrüchen von Unternehmen, darunter zu dem für das deutsche Bankensystem wohl folgenschwersten Konkurs. Am Abend des 11. Mai 1931 erfuhr

Die Nordwolle-Fabrik und die Villa Lahusen in Delmenhorst um 1900.

Jakob Goldschmidt, Vorstandsmitglied der Darmstädter und Nationalbank (DANAT-Bank), dass die Bilanzen der Norddeutschen Wollkämmerei und Kammgarnspinnerei von ihrem Generaldirektor G. Carl Lahusen gefälscht worden waren. Der unter dem Börsennamen „Nordwolle" international bekannte Konzern, mit Hauptsitz in Bremen und mit Werken in ganz Deutschland und darüber hinaus in Böhmen, wies offiziell einen Verlust von 45 Millionen RM aus. Lahusen, ein international geachteter Geschäftsmann und Präses der Bremer Handelskammer, saß im Aufsichtsrat der DANAT-Bank, die an die Nordwolle Kredite über insgesamt 48 Millionen RM vergeben hatte. Die Finanzen der Nordwolle hatten Goldschmidt schon längere Zeit Kopfschmerzen bereitet, er schätzte Lahusen jedoch weiterhin als honorigen Unternehmer.

Wie der DANAT-Bank nun aber bewusst wurde, beliefen sich die Verluste der Nordwolle nicht auf 45 Millionen, sondern auf 145 Millionen RM. Die endgültigen Verlustziffern lagen dann sogar bei 200 Millionen RM. Lahusen musste persönlich bei Goldschmidt in Berlin erscheinen und Rede und Antwort stehen. Goldschmidt, der sich der Konsequenzen für seine Bank bewusst war, geriet außer sich und warf einen Stuhl nach Lahusen. Die Stuhlsplitter lagen – wie Augenzeugen schilderten – noch nach mehreren Stunden im Zimmer herum.[42]

Als die Verluste der Nordwolle Mitte Juni 1931 öffentlich bekannt wurden, hatte dies schwerwiegende nationale und internationale Folgen. Zu dieser Zeit liefen gerade die Verhandlungen über das vorgesehene Hoover-Moratorium für die Reparationszahlungen Deutschlands. Das wahre Ausmaß der Nordwolle-Verluste und die dadurch gegebene Gefährdung der DANAT-Bank sowie der ebenfalls betroffenen Dresdner Bank – also zwei führender Großbanken – konnten den Fortgang der Verhandlungen infrage stellen.

Kunden der DANAT-Bank standen am 13. Juli 1931 vor geschlossenen Filialen.

Nachdem die Reichsbank der DANAT-Bank Überbrückungskredite verweigerte und auch die Verhandlungen über eine Solidarhaftung der deutschen Großbanken nicht zum Erfolg führten, musste die DANAT-Bank am 13. Juli 1931 ihre Schalter schließen. Um einen Run auf die anderen Banken abzuwenden, erklärte die Reichsregierung daraufhin den 14. und den 15. Juli zu Bankfeiertagen. In Bremen brachen dennoch zwei weitere Institute zusammen: die angesehene J. F. Schröder-Bank und die Beamtenbank, ein genossenschaftliches Unternehmen. Am 21. Juli 1931 meldete schließlich die Nordwolle Konkurs an. Für die DANAT-Bank setzte das Reich zunächst einen Treuhänder ein, bevor die Bank 1932 von der Dresdner Bank übernommen wurde, deren Kapital sich inzwischen größtenteils in staatlicher Hand befand.

Die Deflationspolitik der Regierung unter Reichskanzler Brüning und die restriktive Geldpolitik der Reichsbank in der Wirtschaftskrise 1931 werden bis heute kontrovers diskutiert. Wilhelm Kaisen kommentierte sie später wie folgt: „Die Folgen dieses blühenden Unsinns waren entsetzlich. Das Arbeitslosenheer stieg [...]. Massenzusammenbrüche in der Industrie und in der Landwirtschaft und damit auch der Finanzinstitute waren die Folge. Politisch gesehen war der Weg freigemacht für Hitler."[43]

Die Bremer Filiale im Nationalsozialismus

Bremens Wirtschaft war durch die Wirtschafts- und Bankenkrise besonders hart getroffen. Autarkiebestrebungen behinderten Handel und Industrie, die Schifffahrt lag darnieder. Der Zusammenbruch großer Unternehmen wie der Nordwolle, der DANAT-Bank, der Schröder-Bank und der Beamtenbank schädigten den bremischen Staat um hohe Summen. Die Zahl der Arbeitslosen in Bremen stieg vom Jahresende 1930 von rund 29.000 bis Ende Januar 1933 auf 62.000. Natürlich spürte auch die Bremer Filiale die Auswirkungen der großen Krise. Rückstellungen auf gewährte Kundenkredite waren in größerem Umfang erforderlich, und durch den ständigen Rückgang des deutschen Außenhandels litt das Überseegeschäft.

Die Stärkung, die die Deutsche Bank 1929 durch die Fusion mit der Disconto-Gesellschaft erfahren hatte, erwies sich in der Krise als Vorteil. Im Vergleich zu ihren schärfsten Konkurrenten kam sie am besten durch die Krisenjahre. Eine unmittelbare Folge der Situation im Sommer 1931 war, dass ein großer Teil des Kapitals der deutschen Großbanken – bei der Dresdner Bank und der Commerzbank mehr als 90 Prozent – vom Reich bzw. der 1924 errichteten staatlichen Golddiskontbank übernommen wurde. Nur der Deutschen Bank blieb eine Übernahme der Kapitalmehrheit durch das Reich erspart. Dennoch wurden 50 Millionen RM ihres Aktienkapitals von 144 Millionen RM von der Golddiskontbank übernommen. Bis 1936 konnten diese Aktien vollständig reprivatisiert werden.

Eine der Lehren aus der Bankenkrise war die Forderung, eine staatliche Aufsicht über die privaten Banken zu schaffen. Lediglich Sparkassen und Versicherungen unterlagen bis dahin der Kontrolle staatlicher Institutionen. Nachdem schon durch Notverordnung vom 19. September 1931 das Amt eines Reichskommissars für das Bankgewerbe geschaffen worden war, setzte die NS-Regierung im Herbst 1933 eine Untersuchungskommission ein, die die Bankenaufsicht neu und umfassend regeln sollte. Das Reichsgesetz über das Kreditwesen, das schließlich 1934 verabschiedet wurde, führte ein staatliches Aufsichtsamt für das Kreditwesen ein. Es schrieb außerdem Mindestreserven und die Begrenzung und Meldepflicht aller Großkredite vor.

Mitte 1933 wurde in Deutschland überdies eine verschärfte Devisenzwangswirtschaft eingeführt. Die am zwischenstaatlichen Waren-, Dienstleistungs- und Zahlungsverkehr beteiligten Banken wurden dadurch stark eingeengt und reglementiert. Im Sinne der Autarkiepolitik der neuen Regierung wurde der Außenhandel auf devisensparende Kompensationsgeschäfte umgelenkt. Alle Einfuhren waren genehmigungsbedürftig, alle Exportgeschäfte meldepflichtig. Ein Jahr später wurden zur Kontrolle der Einfuhr spezielle Überwachungsstellen eingerichtet. Für Baumwolle und Tabak befanden sie sich in Bremen, dem für diese Rohstoffe maßgeblichen Einfuhrhafen und Handelsplatz.

Im grenzüberschreitenden Zahlungsverkehr entstand eine Zersplitterung der Kontenführung, da eine Vielzahl nur beschränkt verfügbarer Guthaben getrennt geführt werden musste. Für die Mitarbeiter der Bankfilialen gehörten Begriffe wie „Reisemark", „ASKI-Mark" (Ausländersonderkonto für Inlandszahlungen), „Sperrmark", „Registermark" (Zahlungen von Inländern aufgrund älterer Auslandsschulden und Stillhalteabkommen) zum täglichen Brot. Insbesondere Verfolgten des NS-Regimes, die Deutschland verlassen wollten, wurde die Ausreise durch die Devisengesetze erschwert, da nur ein kleiner Teil des Vermögens transferiert werden konnte.

Im Zuge einer Neuordnung des deutschen Börsenwesens wurde die Bremer Börse Ende 1934 geschlossen – für Bremen ein empfindlicher Prestigeverlust. Die neue „Hanseatische Börse", in der die Börsen von Hamburg, Bremen und Lübeck zusammengelegt waren, hatte ihren Sitz in Hamburg.

Von der NS-Regierung konnte Bremen ohnehin kein besonderes Wohlwollen erwarten. Noch am 5. März 1933 hatten sich rund 53 Prozent der Bremer Wähler gegen die seit dem 30. Januar regierenden „nationalen Parteien" entschieden. Der Bremer Senat trat am 18. März 1933 als letzte der demokratisch gewählten Landesregierungen zurück. Im Mai 1933 ernannte Hitler den „Ostfriesenführer", den oldenburgischen NS-Ministerpräsidenten Carl Röver, zum „Reichsstatthalter in Oldenburg und Bremen" – man beachte die Reihenfolge!

Trotz ihres gesunkenen Einflusses bewahrten sich die senatorischen Behörden der Hansestadt noch ein gewisses Gewicht unter dem neuen Regime. Ihre Beamten kamen weiterhin aus dem alten Bremer Bürgertum und fühlten sich nach wie vor den bremischen Interessen im traditionellen Sinne verpflichtet. Bremische Politik war ja stets auf Bewahrung der (bundesstaatlichen) Selbstständigkeit der Hansestadt gerichtet, die in der Geschichte häufig bedroht war. Die Kaufleute und Unternehmer, die bis zum Ende der Weimarer Republik die Politik in der Hansestadt weitgehend bestimmten, sahen sich als die geeignetsten Interessenvertreter des Handels und des wirtschaftlichen Wohlergehens des Stadtstaates.

Es ist wohl kein Zufall, dass sich Rathaus und Schütting, das Haus der Handelskammer, am Marktplatz gegenüberstehen. Und dass das Landesparlament, die Bürgerschaft, bis 1933 im Bürgerschaftssaal der Börse tagte, hat gleichfalls symbolische Bedeutung. Nach der alten, bis 1920 geltenden Verfassung stand den Senatoren der Hansestadt eine lebenslange Amtsdauer zu. Solche Traditionen brachten ein hohes Maß an Kontinuität und Stabilität in die politischen Verhältnisse, deren Wert man auch in der Weimarer Republik zu schätzen wusste.

Am Markt in Bremen um 1939, rechts das Rathaus und links der Schütting, das Gebäude der Bremer Kaufmannschaft, in dem seit 1849 die Bremer Handelskammer untergebracht ist.

Zumal mit diesem „bürgerlichen" Selbstverständnis eine flexible und Kompromissen zugeneigte Haltung verbunden war, die kaufmännischer Tradition entsprach.

So bedeutete auch die „Gleichschaltung" der Handelskammer im Jahr 1933 keine einschneidende personelle Veränderung. Karl Bollmeyer, Mitglied der NSDAP, wurde zwar zum neuen

Am Morgen des 22. Juni 1935 versammelte sich die Belegschaft vor dem Haupteingang der Filiale Bremen zum gemeinsamen Betriebsausflug in die Badener Berge bei Achim und nach Drübberholz an der Weser.

Präses gewählt. Die bisherigen Stellvertreter im Präsidium, darunter Heinrich Focken, Direktor der Bremer Filiale der Deutschen Bank, behielten aber ihre Funktionen. Bollmeyer, der bis 1945 Präses blieb, verwaltete sein Amt mit Geschick und wusste eine gewisse Unabhängigkeit von der NSDAP zu wahren. Als Anfang 1937 vonseiten der Partei gegen die Ernennung des Reeders Hermann Helms zum Beiratsmitglied der Handelskammer Einspruch erhoben wurde, protestierte Bollmeyer erfolgreich beim Reichswirtschaftsministerium. Helms, der ab 1938 auch dem Beirat der Filiale Bremen angehörte, wurde in seiner Funktion bestätigt.

Seehäfen und Grenzorte, die einen Zugang ins Ausland ermöglichten, waren den Nationalsozialisten freilich suspekt. Bremen geriet im Juni 1934 in die Schlagzeilen, als im Zuge des „Röhm-Putsches" SA-Obergruppenführer Karl Ernst vor Hillmanns Hotel verhaftet wurde, bevor er zu Schiff seine Hochzeitsreise antreten konnte. Ernst wurde einige Tage später, wie SA-Chef Röhm, erschossen. Hitler äußerte zudem auf dem Parteitag in Nürnberg 1936 Kritik an der „Böttcherstraßen-Kultur". Die Böttcherstraße, eine Schöpfung des Bremer Kaffee-Kaufmanns Ludwig Roselius aus den 1920er-Jahren, beherbergte damals eine umfangreiche Sammlung und Ausstellung von Gemälden Paula Modersohn-Beckers, die unter den Nationalsozialisten als „entartet" galten und nicht mehr gezeigt werden durften.

Dass Banken nicht Hitlers Gunst genossen, war kein Geheimnis. In einer zentralen Rede im Reichstag im Jahr 1942, in der er seine Weltsicht darlegte, nannte er seine Feinde: „Auf der einen Seite stehen die Männer der Demokratie, das Herz des jüdischen Kapitalismus, mit ihrem ganzen Ballast verstaubter Staatstheorien, ihrer parlamentarischen Korruption, ihrer veralteten Gesellschaftsordnung, ihren jüdischen Gehirntrusts, ihren jüdischen Zeitungen, Börsen und Banken, – ein Konzern, gemischt aus politischen und wirtschaftlichen Schiebern schlimmster Art [...]."[44]

Führende NS-Größen versuchten wiederholt, den Einfluss der Banken zurückzudrängen und diskutierten die Frage einer Verstaatlichung. In ihren Augen dienten Banken dem privaten Gewinnstreben, während die Sparkassen eine soziale Aufgabe erfüllten. In den 1930er-Jahren expandierten denn auch im Wesentlichen die Sparkassen auf Kosten der traditionellen Großbanken. Dazu kam der Aufstieg großer staatlicher Institute mit rechtlich privilegiertem Status.

Kreditgeschäft und Außenhandel

Das Kreditgeschäft der Banken erholte sich von der Weltwirtschaftskrise wesentlich langsamer als die übrige Wirtschaft. Während des Aufrüstungsprogramms nutzten Unternehmen hohe Gewinnmargen um Investitionskredite zu vermeiden oder sie finanzierten sich mit staatlichen Kreditmitteln. Die Deutsche Bank räumte 1933 zwar rein numerisch mehr Kredite ein als 1932, aber das Gesamtvolumen dieser Kredite fiel kontinuierlich bis 1937. Gemessen an der Bilanzsumme der Bank ging es von 55,4 Prozent im Jahr 1932 auf 35,4 Prozent im Jahr 1937 zurück. Das Kreditgeschäft erholte sich zwar 1938 kurzfristig, aber während des Kriegs war es weiter rückläufig.

Doch auch die Bank war nach den Erfahrungen der Bankenkrise mit ihrer Kreditvergabe zurückhaltend. Immer wieder forderte sie ihre Filialleiter zur Vorsicht auf. In einem Rundschreiben an die Direktionen der Niederlassungen vom August 1933 hieß es beispielsweise: „Es liegt uns außerordentlich daran, unsere Liquidität auch in Zukunft, soweit nur irgend möglich, in einem gesunden und vertretbaren Ausmaß erhalten zu sehen." Und Vorstandssprecher Eduard Mosler führte im Oktober 1936 vor Filialdirektoren aus: „Es ergibt sich daraus für uns eine gewisse Vorsicht bei unserer Kreditpolitik. Wir sollten eine Kreditausdehnung nicht betreiben." Vorstandsmitglied Karl Kimmich argumentierte in einer Direktorensitzung im August 1938 ähnlich: „Es besteht die Gefahr, daß wir von seiten der Industrie stark ausgenutzt werden, und es ist erforderlich, unsere Einstellung zu ändern [...]. Wir wollen versuchen, die herausgelegten lang- und mittelfristigen Kredite nach Möglichkeit in kurzfristige Kredite umzuwandeln."[45]

Die zunehmenden diskriminierenden Maßnahmen des NS-Staats gegen als jüdisch deklarierte Unternehmen riefen neue Kreditrisiken hervor. Wenn ein Unternehmen infolge von nationalsozialistischen Boykottaufrufen oder durch die Benachteiligung bei der Rohstoffbelieferung in wirtschaftliche Schwierigkeiten geriet, so hatte dies unmittelbare Folgen für die Sicherheit der vergebenen Kredite. Um diese Risiken zu bemessen, stellte die Deutsche Bank erstmals Ende 1935 ihre „nichtarischen Engagements" zusammen. Von den Gesamtausleihungen in Höhe von 1.440 Millionen RM entfielen 225 Millionen auf „nichtarische" Engagements, das waren 15,6 Prozent. Das Verhältnis der „nichtarischen" Debitoren der Zentrale wich dabei wesentlich von den „nichtarischen" Schuldnern der Filialen ab: Bei den Filialen entfielen 12 Prozent der Kredite auf „Nichtarier". Bei der Zentrale, die insbesondere Großunternehmen betreute, betrug dieser Anteil 27 Prozent. Für die Filialbezirke der drei Hansestädte sind für das Jahr 1935 genaue Zahlen überliefert. Sie zeigen, dass im Fall der Filiale Bremen die Kreditvergabe an „nichtarische" Schuldner nur 3,7 Prozent der Gesamtausleihungen betrug und damit weit unter dem Durchschnitt der Gesamtbank und auch der Filialen lag. Bei der Filiale Hamburg betrug der Anteil hingegen

14,6 Prozent. Der Grund für diese deutlichen Abweichungen dürfte in der unterschiedlichen Kundenstruktur der beiden Filialen zu suchen sein (vgl. Tabelle 2).

Die staatlichen Diskriminierungsmaßnahmen gegen jüdische Unternehmen wurden nach 1935 permanent verschärft. Bis 1938 wurde die völlige Ausschaltung jüdischer Unternehmen aus dem Wirtschaftsleben erreicht. Dies geschah nicht durch direkte staatliche Übernahmen, sondern es war der Wirtschaft selbst überlassen, diesen als „Arisierung" bezeichneten Prozess des Eigentümerwechsels von jüdischen in „arische" Hände zu organisieren. Den Banken fiel dabei die Rolle des Vermittlers und Finanziers solcher erzwungenen Unternehmensverkäufe zu. Anfang 1938 forderte der Vorstand der Deutschen Bank von den Filialdirektoren „eine weitere Aufstellung Ihrer nichtarischen debitorischen und kreditorischen Kundschaft, und zwar derjenigen, die für Arisierung in Frage kommen. Hierbei interessiert uns im einzelnen, wieweit der Arisierungsprozeß des betreffenden Unternehmens gediehen ist und wieweit Sie selbst hierbei mitwirken."[46] Die Antwort der Bremer Geschäftsleitung ist leider nicht überliefert. Auch andere Quellen lassen nicht erkennen, dass die Filiale Bremen an „Arisierungen" mitwirkte, womit jedoch nicht völlig auszuschließen ist, dass es solche Fälle gegeben hat.

Tabelle 2: Ausleihungen und Einlagen „nichtarischer" Kunden der Filialen Hamburg, Bremen und Lübeck im Jahr 1935 in 1.000 RM

von den gefährdeten Teilen entfallen auf							Guthaben von „Nichtariern"	
Bezirk	Gesamtdebitoren per 31.10.35	„nichtarische" Engagements	davon als gefährdet zu betrachten	Rückstellungen	Deckungen (Sicherheiten)	blanko	per 30.6.35	per 15.11.35
Hamburg	78.800	11.497	2.442	974	392 a)	87	7.109	7.991
Bremen	15.800	585	-	-	989 b)	-	185	198
Lübeck	1.800	6	-	-		-	90	35

a) = leicht realisierbar, b) = langfristig

Mitarbeiter der Filiale Bremen am Domshof im Jahr 1935.

Auch wenn sich durch die Finanzierung von „Arisierungen“ ein Sondereffekt für das Kreditgeschäft erzielen ließ, so waren die Ausleihungen insgesamt rückläufig. Diese Tendenz ließ sich auch bei der Filiale Bremen beobachten. Die Kreditvergabe ging zurück, während die Einlagen stark stiegen. Angesichts der geringen Kreditnachfrage blieb der Bank in der zweiten Hälfte der 1930er-Jahre nicht viel anderes übrig, als die liquiden Mittel in die öffentliche Kreditaufnahme, vor allem des Reichs, zu investieren. In der Gesamtbank und der Filiale Bremen zeigte das Geschäft mit festverzinslichen Werten lebhafte Umsätze. Reichsanleihen, Schatzwechsel, Kommunalanleihen bestimmten jetzt das Portefeuille.

Der Außenhandel und die ihm zur Verfügung gestellten Kredite waren in den 1930er-Jahren stark rückläufig. Neben dem dramatischen Einbruch des Welthandels in der Depression waren dafür die protektionistische deutsche Wirtschaftspolitik und das System des gelenkten Außenhandels des NS-Regimes verantwortlich. In Bremen ging der Umsatz in Fremdwährung stetig zurück. Hatte 1933 bei der Bremer Filiale der Umsatz in Fremdwährung noch bei 22 Prozent ihres Gesamtumsatzes gelegen, so wurden 1936 nur noch etwa 8 Prozent der Umsätze in fremden Währungen abgewickelt.

Der Beginn des Zweiten Weltkriegs bedeutete eine weitere Zäsur für das Bremer Wirtschaftsleben. Eine Stadt, deren Wirtschaft vom Handel, insbesondere von der Einfuhr überseeischer Produkte geprägt war, wurde durch den Krieg besonders in Mitleidenschaft gezogen. Das Überseegeschäft und in der Folgezeit auch das übrige Auslandsgeschäft kamen fast ganz zum Erliegen. Die Umsätze der Filiale beruhten jetzt im Wesentlichen auf dem Geschäft mit ortsansässigen Firmen, die ihre Produktion auf kriegswichtige Güter umgestellt hatten.

Der Filialbetrieb litt zudem unter den Einberufungen der Mitarbeiter zur Wehrmacht. Während des Kriegs schwankte der Personalstand zwischen 190 und 210 Angestellten. Von ihnen waren Ende 1940 ungefähr 30 Prozent und Anfang 1945 rund 50 Prozent einberufen.

Ein starkes Aufblähen erfuhr der Kassenverkehr der Filiale. Im Zuge der zahlreichen Straßensammlungen der Nationalsozialisten stieg der Bearbeitungsaufwand des Münzkleingeldes um ein Vielfaches an. Mit Zunahme der Luftangriffe auf Bremen nutzten die Kunden auch die Stahlkammer-Anlagen der Bank verstärkt, um darin Koffer unterzustellen oder Stahlfächer für wichtige Papiere und Wertgegenstände zu mieten.

Die häufigen und schweren Luftangriffe auf die Häfen, die Industrie- und Wohngebiete Bremens wirkten sich auch auf den Betrieb der Filiale aus. Die Gebäude der Bank wurden mehrfach getroffen. So brannten am 29./30. Juni 1942 die oberen Stockwerke des „Museumsgebäudes" aus. Die Parterre- und Kellerräume blieben zwar verschont, waren aber durch Wasserschäden so in Mitleidenschaft gezogen, dass sie geräumt werden mussten. In der Nacht vom 13. zum 14. September desselben Jahres wurde das benachbarte Hauptgebäude am Domshof von zahlreichen Brandbomben schwer getroffen. Das Dachgeschoss wurde völlig vernichtet, die oberen Stockwerke brannten aus. In den übrigen Räumen konnte der Bankbetrieb jedoch aufrechterhalten werden. Mitte August und Anfang Oktober erlitt auch der in der Katharinenstraße gelegene Gebäudeteil schwere Schäden. Von den Depositenkassen war nur noch die Kasse A in der Schwachhauser Heerstraße in Betrieb. Die Filiale in Wesermünde (Bremerhaven) brannte im September 1944 bei einem Bombenangriff fast völlig aus, sodass sich die Filiale zunächst notdürftig in den Tresorräumen einrichten musste.

Nur drei Wochen vor Kriegsende am 16. April 1945 depeschierte die Direktion der Bremer Filiale an das Filialbüro der Deutschen Bank nach Berlin: „Lage in Bremen z.[ur] Z[ei]t. noch ruhig. Feind steht südlich der Stadt. Geschäftlich sehr still. Nach wenigen Tagen stärkerer Abhebungen Kassenverkehr seit 11. wieder normal. Unser Betrieb soweit in Ordnung. Postverkehr in Richtung Hamburg Wesermünde Oldenburg wenn auch mit Verspätung möglich. Von euch letzte Post am 7. d[e]s., datiert vom 3. d[e]s. M[ona]ts [...]."[47]

Bremen wurde am 26. April 1945 zunächst von britischen Truppen besetzt, bevor einige Tage später amerikanische Verbände folgten, um die britischen Einheiten abzulösen. Die Amerikaner hatten Interesse an den Häfen Bremens und Bremerhavens als Nachschubbasen für ihre in Süddeutschland stationierten Verbände, sodass Bremen amerikanisches Besatzungsgebiet wurde – eine Enklave innerhalb der britischen Besatzungszone, die fast ganz Nord- und Westdeutschland umfasste. Die amerikanische Militärregierung bezog das „Haus des Reichs", das ehemalige Verwaltungsgebäude der Nordwolle.

04

Das Bremer Filialgeschäft der Nachkriegszeit

Die Disconto Bank, Bremen

Die Siegermächte des Zweiten Weltkriegs begannen sofort in die bisherigen Wirtschaftsstrukturen Deutschlands einzugreifen. Besonders drastisch bekamen dies die Banken in Berlin zu spüren, die ihre Tätigkeit einstellen mussten. So wurde die Zentrale der Deutschen Bank in der Reichshauptstadt am 28. April 1945 aufgrund des Befehls Nr. 1 des sowjetischen Stadtkommandanten geschlossen. Sie war nun ein „ruhendes Institut" und durfte nur noch eng begrenzte Tätigkeiten ausüben, die vor allem der Abwicklung dienten. Die Deutsche Bank hatte jedoch schon im Februar 1945 in Hamburg eine Notverwaltung für die Gesamtbank eingerichtet. Dieser „Führungsstab Hamburg" übernahm nach Kriegsende gegenüber den Filialen in den westlichen Besatzungszonen die Funktion der Berliner Zentrale. Zugleich wurde die Geldstelle Hildesheim geschaffen, um die Versorgung der verbliebenen Niederlassungen mit flüssigen Mitteln zu garantieren.

Während die Niederlassungen in der sowjetisch besetzten Zone geschlossen und enteignet wurden, konnten die Filialen der Bank im westlichen Besatzungsgebiet – so auch in Bremen – ihre Tätigkeit nach kurzer Unterbrechung noch 1945 wieder aufnehmen. Die Bankgebäude am Domshof und in der Katharinenstraße waren zwar erheblich beschädigt, aber ein Bankbetrieb konnte notdürftig aufrechterhalten werden. Es war sogar möglich, einige Nachbarbanken und Firmen, die noch keinen Ersatz für ihre Geschäftsräume gefunden hatten, behelfsmäßig mit unterzubringen.

Die Angestellten der Bank arbeiteten unter erschwerten Bedingungen. So wurde etwa zur Behebung des allgemeinen Kohlenmangels während des ersten Nachkriegswinters eine „Torf-Aktion" gestartet: Mehrere Mitarbeiter fuhren zum Torfstechen ins Moor, andere transportierten den Torf ab und lagerten ihn im Keller der Ruine des „Museumsgebäudes" am Domshof ein. Im Vorraum des Tresors im Hauptgebäude wurde dann mit den Torfballen ein Ofen geheizt, an dem sich die Angestellten in der Schalterhalle und in weiter entfernt gelegenen Büros, die in Mänteln und mit Handschuhen arbeiteten, hin und wieder aufwärmen konnten.

Die Bankgeschäfte blieben begrenzt: In der Hauptsache erstreckten sie sich auf den Kassen-, Zahlungs- und Überweisungsverkehr, während das Kreditgeschäft oder gar das Auslandsgeschäft praktisch nicht existierten. An einem Platz wie Bremen wirkte sich natürlich besonders aus, dass ein deutscher Außenhandel in den ersten Nachkriegsjahren nicht vorhanden war. Ein- und Ausfuhren wurden von den Besatzungsmächten für ihre Gebiete geregelt und erst nach und nach wieder deutschen Stellen sowie Firmen und Banken anvertraut. Der Gesamtumsatz der Bremer Filiale erreichte 1945 lediglich die Hälfte des Jahres 1929.

Im Zuge der Entflechtung der Großunternehmen begannen 1946 die amerikanischen Bestrebungen zur Zerschlagung der deutschen Großbanken. Aus der Vorstellung heraus, dass die großen Filialbanken eine wirtschaftlich unerwünschte Machtzusammenballung darstellten, ergriff die amerikanische Militärregierung die Initiative zur Aufspaltung der drei Großbanken in Teilinstitute. Am 6. Mai 1947 wurde für die amerikanische Zone das Gesetz Nr. 57 erlassen, mit dem die Niederlassungen der Großbanken unter neuen Firmenbezeichnungen länderweise zusammengefasst und sogenannten Verwaltern (custodians) unterstellt wurden. Die französische Militärverwaltung schloss sich im September 1947 dem Beispiel der Amerikaner an, und nach anfänglichem Widerstand folgte schließlich im April 1948 auch die britische Militärregierung.

Die Deutsche Bank bestand nunmehr aus zehn Teilinstituten. Aus der Deutschen Bank Filiale Bremen wurde im Mai 1947 die Disconto Bank, Bremen, mit einer Filiale in Bremerhaven. In Norddeutschland entstanden ferner im April 1948 die Norddeutsche Bank in Hamburg und die Nordwestbank in Hannover. Diese Nachfolgebanken besaßen keine eigene Rechtspersönlichkeit und waren keine Gesellschaften im Sinne des Handelsrechts. Bilanzen wurden zwar aufgestellt, aber nicht veröffentlicht, sondern nur bei den Landeszentralbanken, den Nachfolgern der Reichsbank, eingereicht. Keines dieser vorwiegend das kurzfristige Kreditgeschäft betreibenden Institute durfte Niederlassungen außerhalb des jeweiligen Landes unterhalten, in dem es seinen Hauptsitz hatte. „Für das Wirtschaftsleben bedeutete diese Beseitigung eines organisch gewachsenen Banksystems etwa das gleiche wie für eine Groß-Stadt die Beschränkung des Verkehrs auf Pferdedroschken", so charakterisierte Vorstandsmitglied Clemens Plassmann 1952 auf der außerordentlichen Hauptversammlung der Deutschen Bank in Berlin die Lage.[48] Zugleich sprach er von einer „Balkanisierung des deutschen Bankwesens".[49]

Die Disconto Bank in Bremen beschäftigte zu diesem Zeitpunkt 108 Mitarbeiter. Ihrer Tätigkeit waren noch immer enge Grenzen gesetzt, zumal die Reichsmark-Währung ihre Funktion im Waren- und Dienstleistungsverkehr immer mehr einbüßte und von Monat zu Monat an Wert verlor. Erst die Währungsreform am 20. Juni 1948 schuf mit der D-Mark eine stabile wirtschaftliche Basis. Für die Banken, deren Aktiva zu großen Teilen aus Forderungen gegen das Deutsche Reich bestanden, bedeuteten die neuen Währungsgesetze allerdings einen beträchtlichen Eingriff in ihre Vermögenssubstanz. Sie mussten zunächst mit geringem Eigenkapital und ohne Reserven beginnen. Auch die Disconto Bank verfügte, losgelöst von der „starken Mutter", nicht mehr über das stabile alte Fundament. Sie hatte 1948 ein Eigenkapital von 0,6 Millionen DM und Einlagen von

40 Millionen DM. Ihre Akzept- und Barkredite betrugen 5 Millionen bzw. 3 Millionen DM, ihre Wechselkredite 4 Millionen DM. Die Bilanzsumme der Disconto Bank belief sich im Jahr 1950 auf 62 Millionen DM, die der Nordwestbank in Hannover auf 146 Millionen DM und die der Norddeutschen Bank in Hamburg auf 206 Millionen DM. Allein daran wird deutlich, dass die Disconto Bank das mit Abstand kleinste der drei Nachfolgeunternehmen im Norden war.

Das Gebäude am Domshof in den 1950er-Jahren.

Von der Norddeutschen Bank zur Deutschen Bank

Mit der Schaffung einer stabilen Währung, den Mitteln des Marshallplans 1948/49 und der politischen Konstituierung der Bundesrepublik begann eine stürmische wirtschaftliche Aufwärtsentwicklung. Auch das Provisorium der Banken-Teilinstitute konnte nicht länger weitergehen. Unterstützt von Wirtschaft und Politik traten Vertreter der drei zerschlagenen Großbanken an die Alliierten heran, um die Funktionsfähigkeit des Bankwesens wiederherzustellen. Hermann J . Abs (Deutsche Bank), Carl Goetz (Dresdner Bank) und Paul Marx (Commerzbank) reichten am 31. Mai 1950 ein Memorandum ein, in dem sie den Wiederzusammenschluss der ehemaligen Filialgroßbanken forderten. Da zum damaligen Zeitpunkt noch nicht die vollständige Wiederherstellung der früheren Gesamtbanken erreicht werden konnte, beschränkte man sich auf den Vorschlag, für jede der drei Großbanken drei leistungsfähige Nachfolgeinstitute zuzulassen.

Es dauerte jedoch noch zwei Jahre, bis dieser Plan verwirklicht werden konnte. Erst nach zähen Verhandlungen der Vertreter der Großbanken mit den alliierten Behörden wurde am 29. März 1952 das „Gesetz über den Niederlassungsbereich von Kreditinstituten" – das sogenannte Großbankengesetz – erlassen. Die Teilinstitute der Großbanken wurden danach zu je drei Nachfolgeinstituten zusammengefasst. Für die Deutsche Bank waren dies:

die Norddeutsche Bank AG, Hamburg
  Kapital 20 Millionen DM
die Süddeutsche Bank AG, München
  Kapital 40 Millionen DM
die Rheinisch-Westfälische Bank AG, Düsseldorf
  Kapital 40 Millionen DM.

Die Norddeutsche Bank AG übernahm in den Ländern Bremen, Hamburg, Niedersachsen und Schleswig-Holstein die Geschäfte, die dort bisher von der Disconto Bank, der Norddeutschen Bank und der Nordwestbank geführt wurden. Zu Vorstandsmitgliedern wurden Erich Bechtolf, Karl Klasen und Franz Heinrich Ulrich berufen. Im Aufsichtsrat waren mit Georg Waldthausen, Firma Lohmann & Co., und Hermann Helms, Deutsche Dampfschifffahrts-Gesellschaft „Hansa", zwei Mitglieder des Bremer Beirats vertreten.

Die Bremer Niederlassung wurde Hauptfiliale. Die Geschäftsleitung bestand aus Manfred Oheimb von Hauenschild und Paul Witting. Hauenschild, der bis Kriegsende Vorstandsmitglied der Mecklenburgischen Hypotheken- und Wechselbank in Schwerin gewesen war, erhielt zugleich Generalvollmacht für die Norddeutsche Bank. Von 1959 bis 1972 gehörte Hauenschild dem Vorstand der Deutschen Bank an. Witting war Experte für das Ostasiengeschäft. Nach Jahren der Tätigkeit für die Deutsch-Asiatische Bank in China wurde er 1942 Vorstandsmitglied der eigens für das Geschäft mit Japan gegründeten Deutschen Bank für Ostasien. Das Kriegsende erlebte er in Japan, dort internierten ihn die Amerikaner und repatriierten ihn 1947 nach Westdeutschland.

Witting wusste seine Ostasienerfahrung in vielfacher Hinsicht zum Nutzen der Filiale und der Bremer Wirtschaft einzusetzen. Als die Bremer Handelsfirmen in den 1950er-Jahren ihre internationalen Verbindungen wieder aufbauten, gehörte Witting zu einem Kreis von Kaufleuten, der sogenannten „China-Connection". Man kannte sich meist aus gemeinsamen Jahren in Ostasien, woraus teilweise enge Freundschaften hervorgegangen waren, wie beispielsweise zwischen Witting und Johann Gottfried (genannt Nauke) Schütte, Teilhaber der 1792 gegründeten Bremer Außenhandelsfirma Joh. Gottfr. Schütte & Co., eines der ältesten Außenhandelsunternehmen Deutschlands. 1956 ließ Witting Nauke Schütte wissen, dass die alteingesessene Afrikafirma C. F. Corssen & Co. Anschluss suchte und zu übernehmen sei. Dies war für Schütte ein ausgesprochener Glücksgriff, weil man dadurch in das Afrikageschäft kam, in dem man bis dato nicht tätig war. Der Afrikahandel entwickelte sich dann bis in die frühen 1980er-Jahre außerordentlich positiv.[50]

Die Filiale Bremen war in dieser Zeit auch alleinige Abwicklungsbank von zwei besonderen Transaktionen, die aus dem Rahmen der üblichen

Die Teilinstitute und ihr Weg zur neuen Deutschen Bank von 1947 bis 1957.

Bankgeschäfte herausfielen. Es handelte sich um große Dreiecksgeschäfte zwischen den USA, der Bundesrepublik und Burma. Im Rahmen eines amerikanischen Hilfsprogramms wurden Überschussgüter – in diesem Fall Rohbaumwolle – an Burma gegeben, ähnlich wie die Mittel des Marshallplans nach dem Zweiten Weltkrieg an Westdeutschland. Da Burma jedoch fertige Baumwolltextilien und -garne benötigte, fand die Verarbeitung der Baumwolle in der Bundesrepublik statt. Die Einfuhr der Baumwolle erfolgte dabei in der Hauptsache über Bremer Händler, die Ausfuhr der Fertigware durch die Industrie bzw. über Exporthändler. Burma konnte bei dem ersten Geschäft die deutschen Textilien voll gegen die USA-Baumwolle verrechnen, während es bei der zweiten Transaktion einen bestimmten Prozentsatz des Wertes der gelieferten Textilien, und zwar die den Rohstoffanteil übersteigenden Veredelungskosten, in Devisen (£-Sterling) zu zahlen hatte. Zwischengeschaltet wurde dabei ein Konto der Filiale Bremen, das für diese Dreiecksgeschäfte in Rangun in burmesischer Währung geführt wurde.

Seit Anfang 1956 arbeiteten alle Nachfolgebanken und die Bundesregierung auf die Aufhebung des „Großbankengesetzes" von 1952 hin. Die Vorstände der Nachfolgebanken der Deutschen Bank hatten sich bereits seit Ende 1952 zu regelmäßigen Gemeinschaftssitzungen getroffen. Im Jahr 1955 wurde außerdem ein Vertrag abgeschlossen, der einen Gewinn- und Verlustausgleich zwischen den drei Instituten vorsah und ein Auseinanderdriften der Teilbanken verhindern sollte.

Das „Gesetz zur Aufhebung der Beschränkung des Niederlassungsbereichs von Kreditinstituten" vom 24. Dezember 1956 machte den Weg frei für die Vereinigung der Nachfolgeinstitute der drei Großbanken. Die Verschmelzung der drei Regionalbanken der Deutschen Bank zu einem einheitlichen Institut unter der Firma „Deutsche Bank Aktiengesellschaft" wurde durch deren Hauptversammlungen im April 1957 beschlossen. Am 2. Mai 1957 erfolgte der Eintrag ins Handelsregister. Das Aktienkapital betrug damals 200 Millionen DM, die Rücklagen 180 Millionen DM. Neben dem juristischen Sitz in Frankfurt am Main wurden zwei weitere Verwaltungssitze in Hamburg und Düsseldorf eingerichtet. Aus Bremen war der Reeder und Vorstandsvorsitzende der Deutschen Dampfschifffahrtsgesellschaft „Hansa" Hermann Helms jr. im Aufsichtsrat der Deutschen Bank vertreten. An der Spitze der Filiale Bremen standen 1957 die Direktoren Paul Witting und Franz von Bitter. Sie sollten bis 1960 bzw. 1961 die Niederlassung leiten.

Das Bremer Firmenkundengeschäft

Das Niederlassungsnetz der Filiale Bremen, die bei Kriegsende nur noch über eine Depositenkasse verfügt hatte, umfasste 1960 bereits wieder acht Zweigstellen und eine Wechselstube am Bahnhof. Die Filiale Bremerhaven errichtete zwei Zweigstellen und eine Zahlstelle im Fischereihafen. Weitere Filialen, die der Bremer Kopfstelle zugeordnet waren, wurden in Verden (1953), in Delmenhorst (1956) und in Wilhelmshaven (1957) eröffnet. 1971 gehörten zum Filialbezirk Bremen die Hauptstelle mit 15 Stadtzweigstellen, Bremerhaven mit vier Stadtzweigstellen, und zwölf Filialen. Der Bezirk selbst reichte von der Nordsee mit den beiden Küstenfilialen Bremerhaven (Schwerpunkt Fischerei und Werftindustrie) und Wilhelmshaven (Schwerpunkt Büromaschinen und Ölumschlag) über den Oldenburger Raum mit Oldenburg, Lohne, Cloppenburg und Vechta (Schwerpunkt in Südoldenburg die Geflügel- und Eierindustrie) bis nach Delmenhorst und Verden.

Die Zahl der Angestellten, die 1951 noch 297 betragen hatte, wuchs bis 1960 auf 486 und bis Ende 1970 auf 709 Mitarbeiter. Für sie schuf man zunächst mit verschiedenen Umbauten im Bereich Domshof/Katharinenstraße weitere Büroräume. 1964 wurde mit dem Neubau an der Ecke Schüsselkorb/Domshof begonnen, der zwei Jahre später bezogen werden konnte. Die Gebäudefront am Domshof war damit wieder geschlossen.
Ende der 1970er-Jahre erweiterte die Filiale ihre Kundenhalle und gestaltete sie nach modernen Gesichtspunkten um. Das vorhandene Bankgebäude wurde außerdem durch einen Neubau in der Katharinenstraße ergänzt, dessen Erdgeschoss der Vergrößerung der Kundenhalle des Altbaus diente.

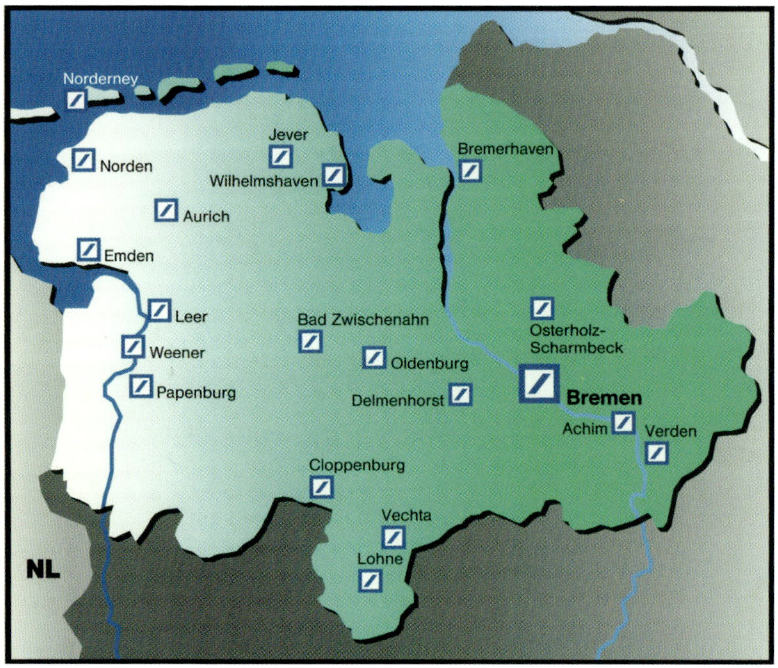

Der Filialbezirk Bremen von 1971 bis 1996.

Die Filiale Bremen mit dem Erweiterungsbau im Jahr 1971.

Die modernisierte und erweiterte Kundenhalle der Filiale Bremen um 1980.

Der Tag, an dem Abs kam

Mehr als 30 Jahre war Wilfried Schaefer für die Deutsche Bank in Bremen tätig: Fünf Jahre als Fahrer und danach als Hausmeister. Einer der Höhepunkte seiner Laufbahn war Mitte der 1970er-Jahre der Besuch des damaligen Aufsichtsratsvorsitzenden Hermann J. Abs, des „Grand Old Man" der Deutschen Bank, in Bremen. Wilfried Schaefer schlüpfte nochmals in seine alte Chauffeur-Rolle, woran er sich noch zwei Jahrzehnte später präzise erinnerte:

> Eben dieser Tag begann eigentlich wie jeder andere. Das Besondere kam, als das Piepen aus meinem Rufgerät ertönte und ich erfuhr: „Traust du dir zu, Herrn Abs mit dem Wagen vom Flughafen abzuholen?" Nun war ich zwar schon Hausmeister, aber für Herrn Abs fahren! Schon die Anfrage machte mich mächtig stolz, und die Antwort war: „Klar!"
> Hermann J. Abs, der höchste Chef der Deutschen Bank!
> In der Filiale war so etwas wie Hektik angesagt. Zunächst wurde beschlossen, die Autos unseres Fuhrparks seien zu klein und nicht repräsentativ genug. Ein 450er-Mercedes musste her, mit 280 PS und automatischem Getriebe. Ersteres war schon gewaltig, letzteres damals eine Neuheit, und langsam ergriff auch mich eine innere Unruhe. Probefahrt war unumgänglich.
> Die Identifizierung am Flughafen erfolgte durch Hochhalten eines Schildes mit dem Logo der Bank. Herr Abs sah mich sofort, gab mir die Hand und fragte: „Wie geht es Ihnen? Fühlen Sie sich wohl? Dann man los!" Die Ruhe kehrte zurück, die 280 PS summten leise, die Automatik funktionierte, Herr Abs war zufrieden und hat sich nach Beendigung der Fahrt bei mir bedankt.

Die Beförderung im neuesten Mercedes-Modell war für Hermann J. Abs (links), der jahrelang auch Aufsichtsratsvorsitzender der Daimler-Benz AG war, eine Selbstverständlichkeit.

Als ich in die Bank zurückkehrte, waren alle neugierig: „Hat es geklappt?" „War er zufrieden?" „Muss noch mal gefahren werden?" „Was hat er gesagt?"
„Ihr sollt tüchtig arbeiten!"

Ich spürte eine Sekunde ihre Enttäuschung und schon war auch die Frage da:
„Sonst nichts?"
„Doch, ich soll natürlich auch schön grüßen!"
Was für ein Tag![51]

„To blow a pipe sociably" – in der oberen Halle des Alten Rathauses in Bremen sprach der „Grand Old Man" der Deutschen Bank, Hermann J. Abs, bei der 101. Zusammenkunft des Bremer Tabak-Collegiums am 6. April 1976. Links hinter ihm Bremens Bürgermeister Hans Koschnick und Bundesminister Egon Bahr.

Nach wie vor gehörte die Pflege des „klassischen" Auslandsgeschäfts, insbesondere der Auslandszahlungsverkehr und das Kreditgeschäft im Zusammenhang mit der Abwicklung des Überseehandels, zu den wichtigsten Aufgaben der Bremer Filiale. Der Anteil der Erträge des Auslandsgeschäfts an den Gesamterträgen war 1971 in Bremen – im Jahr des 100-jährigen Bestehens der Filiale – der höchste in der Gesamtbank. Noch immer war das Auslandsgeschäft primär auf den Bremer Import ausgerichtet, den traditionellen Rohstoffhandel. Wie bei der Eröffnung der Filiale spielten Kaffee, Baumwolle und Getreide eine große Rolle. Hinzu kam der Export nach Übersee, insbesondere nach Afrika und Lateinamerika. Die Leistungsfähigkeit der Bank im Auslandszahlungsverkehr und der bereits Ende der 1950er- und Anfang der 1960er-Jahre zu einem Akquisitionsinstrument ausgebaute Devisenhandel stärkten die Akzeptanz und Position der Bank am Platz Bremen. Zu allen namhaften Im- und Exporteuren gab es Verbindungen; die Bank war darüber hinaus die Bank der Schiffsmakler und Spediteure.

Neben dem Auslandszahlungsverkehr bestand das Firmenkundengeschäft in erster Linie aus Kreditgewährung. So hieß auch folgerichtig die Abteilung, die die debitorischen Firmenkunden betreute „Kreditabteilung". Die Betreuung der kreditorischen Firmen und Privatpersonen nahm die damalige Kundenabteilung wahr. Kreditgeschäft war Kontokorrent- und kurzfristige Import-/Exportfinanzierung. Dem langjährigen Leiter der ehemaligen Kreditabteilung, Klaus Bernhardt, wird nachgesagt, dass er anlässlich der Bitte eines Kunden um eine Investitionsfinanzierung für Hallen- und Büroneubau äußerte: „Sie meinen eine Hypothek!", aufstand und aus seinem Bürofenster zum Domshof auf die Hypothekenbank verwies: „Da sind Sie richtig." – Es sollte noch bis Anfang der 1970er-Jahre dauern, bis die Bank bereit war, längerfristige Finanzierungen, zunächst bis drei Jahre und elf Monate, später bis acht Jahre anzubieten. Die Zinssätze waren anfangs nur variabel, später konnten auch Festzinssätze vereinbart werden.

Das Firmenkundengeschäft der Filiale veränderte sich in den 1970er-Jahren vor allem durch die neu angesiedelten Industrien in der Region. Das wirtschaftliche Schwergewicht im Raum Bremen, das auf dem Import, in der Werftindustrie und der Fischerei lag, erweiterte sich durch neue Industriezweige: Luft- und Raumfahrt, Elektro- und Büromaschinenindustrie siedelten sich an. So bezifferte sich 1971 der Anteil der Importfinanzierung in der Bilanz der Filiale nur noch auf 50 Prozent, während er früher 80 Prozent betragen hatte. Die damalige Norddeutsche Kreditbank – kurz Nordkredit – war mit ihrem großen industriellen Engagement und ihren vielfältigen Beteiligungen, darunter Werften, die Phonoindustrie und lokale Banken, Vorbild. Unterstützt wurde diese Neuausrichtung durch die Notwendigkeit großer Konsortialkredite. Es war die

Zeit des beginnenden Großschiffbaus in Bremen, für den beispielhaft die AG Weser mit ihrem Europa-Tanker-Boom stand. Der hierdurch ausgelöste Finanzierungsbedarf überstieg die Möglichkeiten der klassischen Schiffsbanken bei Weitem. Aus der Rolle des eher passiven Konsortialpartners entwickelte sich die Filiale zu einer führenden Konsortialbank im Schiffsfinanzierungsgeschäft. Zusammen mit befreundeten Schiffsmaklern und Reedereien wurden besonders unter steuerlichen Gesichtspunkten interessante Finanzierungsformen für Werften, Reeder und Anleger entwickelt.

Bremer Hafenanlagen mit den Werftkränen der AG Weser im Hintergrund um 1970.

Die alte, sprichwörtliche Rivalität zwischen den Hansestädten Bremen und Hamburg, die sich auch auf die beiden Filialen der Deutschen Bank übertrug, lebte in diesem Teilsegment wieder auf und führte im Interesse der Kundschaft zu sehr unterschiedlichen Entwicklungen. Bremen bewegte sich dabei mehr im kleinen, überschaubaren, risikominimierenden Rahmen, zeichnete sich jedoch durch besondere Kreativität aus. So wurde beispielsweise bereits Mitte der 1970er-Jahre mit konstruktiver Unterstützung der Kreditanstalt für Wiederaufbau zur Sicherung eines großen, für die bremische Werftindustrie wichtigen Exportauftrags eine langfristige Währungsfinanzierung durch Zins- und Währungstausch konstruiert, d. h. zu einer Zeit, lange bevor Derivate, Zins- und Währungsswaps zur gängigen Bankenpraxis gehörten.

Die Erfahrungen aus dem Schiffskonsortialgeschäft gingen positiv in die Neuordnung der Bremer Luftfahrtindustrie ein; so bei der notwendigen Serienfinanzierung des Passagierflugzeugs „VFW 614“ der Vereinigten Flugtechnischen Werke. Auch die erste Absatzfinanzierung des Flugzeugtyps 614 für Cimber Air wurde durch die Bank geregelt, allerdings scheiterte ihre Umsetzung an der Einstellung der Serienproduktion zugunsten des größeren Airbus.

Die Entdeckung des Mittelstands und der Privatkunden

Anfang 1975 führte die Deutsche Bank das sogenannte Organisationsmodell (OM) in ihren Hauptfilialen ein, wodurch die interne Organisationsstruktur von einer Produkt- auf eine Kundengruppenorientierung umgestellt wurde. Die Kunden sollten fortan bei allen Dienstleistungen, die sie in Anspruch nahmen, aus einer Hand bedient werden.

Das Organisationsmodell 1975 führte auch zu einer räumlichen Neuordnung der Filialstruktur. Seit den Nachkriegsjahren hatten 23 Hauptfilialen in Westdeutschland bestanden, die direkt an die zunächst drei, später zwei Zentralen der Bank in Hamburg, Düsseldorf und Frankfurt berichteten. Nun wurde diese Zahl der Hauptfilialen drastisch auf 14 reduziert. Bremen gehörte zu den Hauptfilialen, die bestehen blieben. Durch die Eingliederung der bisherigen Hauptfiliale Osnabrück wurde der Filialbezirk erheblich erweitert. Das Marktgebiet reichte nun bis zur holländischen Grenze und zählte 40 nachgeordnete Filialen und Zweigstellen in Bremen und Niedersachsen. Rund 650 Mitarbeiter waren in Bremen beschäftigt und 950 im gesamten Filialbezirk.

Die Filiale Bremen hatte sich bereits in den Jahren zuvor von einer stark vom Außenhandelsgeschäft geprägten Filiale zu einer Filiale mit wachsender Ausrichtung auf den gewerblichen Mittelstand gewandelt. War bisher das Geschäft des Hauptfilialbezirks maßgeblich von den Aktivitäten am Platz Bremen und hier besonders von dem eigentlichen Hauptstellengeschäft gekennzeichnet, so zwang vor allem der Rückgang des traditionellen Importhandels aufgrund der strukturellen Veränderungen der Abnehmerindustrie im Inland zu einer stärkeren Hinwendung zur Kundschaft des nun auch räumlich erweiterten Bezirks. Die Dominanz der Außenhandelsorientierung – so hingen etwa über 20 Prozent des Auslandsumsatzes der Filiale von einem Kunden ab – wurde durch Wachstum im gewerblichen Mittelstand reduziert. Sehr ausgeprägt geschah dies durch Geschäfte, die die Region im Lebensmittelbereich bot, und zwar in Produktion, Verteilung und Logistik sowie im Groß- und Einzelhandel. Bremen „und umzu" wurde Zentrum der Nahrungs- und Genussmittelindustrie Deutschlands; man denke an so bekannte Unternehmen wie beispielsweise Kraft Jacobs Suchard, Beck's oder Nordstern Lebensmittel AG.

Die Hauptfiliale Bremen nutzte den Wandel auch zur Neustrukturierung von Arbeitsabläufen: So konzentrierte sie die Bearbeitung des Auslandsgeschäfts – gegen erheblichen internen Widerstand – erfolgreich in der Hauptfiliale, ohne kundennah vor Ort die Betreuung einzuschränken. Das Werften- und Reedereigeschäft mit dem hierfür erforderlichen Spezialwissen wurde ebenfalls von Bremen aus für den gesamten Bezirk betrieben.

Das erwähnte Organisationsmodell 1975, das zur Trennung von Kundenbetreuung (Firmenkundenabteilung) und Kreditbearbeitung (Kreditabteilung) führte, wurde bald zugunsten einer kundengruppenorientierten Zusammenarbeit in Betreuungseinheiten weiterentwickelt. Die Filiale setzte damit Entwicklungen in Gang, die teilweise später als Modell bankweit übernommen wurden oder sich harmonisch in bankeinheitliche Veränderungen einpassen ließen.

Der Wandel wurde auch an der erweiterten Produktpalette deutlich. Sie reichte von Finanzierungen und Anlagen in vielfältiger Gestaltungsform, bank- und betriebswirtschaftlicher Beratung bis hin zum vollautomatisierten/elektronischen Zahlungsverkehr. Es war die Filiale Bremen, die maßgeblichen Anteil an der Errichtung des ersten bundes- und europaweit koordinierten „Cash-Pools" für einen multinationalen Kunden der Bank hatte.

Nicht nur das Kredit- und Firmenkundengeschäft erfuhr seit den 1970er-Jahren hinsichtlich der Produkte und Kundengruppen eine erhebliche Erweiterung, gänzliches Neuland betrat die Deutsche Bank vor allem auch im Privatkundengeschäft. Seit ihrer Gründung 1870 hatte sie wohlhabenden Bevölkerungskreisen wie Unternehmern, Freiberuflern, leitenden Angestellten und Beamten Bankdienstleistungen angeboten. Dazu zählten der Zahlungsverkehr, Festzinsanlagen, Wertpapierberatung und Schließfächer für Wertsachen. 1929 kam noch das Banksparbuch

„Wünsche werden Wirklichkeit" versprach 1959 die Werbung für den Persönlichen Klein-Kredit der Deutschen Bank.

Ein VW-Bus – wie hier in Lübeck – diente auch in Bremen dem Geldwechsel für reisende Privatkunden.

hinzu. Doch erst seit Ende der 1950er-Jahre öffnete sie sich einem breiten Privatpublikum und offerierte in den nächsten Jahren schrittweise eine umfassende Palette standardisierter Bankdienstleistungen für den typischen Bedarf von Arbeitnehmerhaushalten.

Der offizielle Geburtstag des Privatkundengeschäfts in der Deutschen Bank ist der 2. Mai 1959. Das erste Angebot war der Persönliche Klein-Kredit (PKK) bis zu 2.000 Mark. In Bremen wurden Kleinkredite im Hauptgeschäft und sieben Zweigstellen angeboten. Kurz nach dem Persönlichen Klein-Kredit wurde 1960 das kostenlose „Persönliche Konto“ für alle eingeführt.

Auch wenn das „Mengengeschäft“ zunächst von vielen – innerhalb und außerhalb der Bank – als „Kleingärtner“- oder „Dienstmädchen“-Geschäft belächelt wurde, zählte es bald zu den wichtigsten Geschäftsbereichen der Bank und führte zu tiefgreifenden Änderungen in der Kundenstruktur.

In Bremen spielte auch das Sortengeschäft mit Privatkunden eine wichtige Rolle. Die Kunden waren Auswanderer im Auswandererheim in Lesum.

Mitarbeiter der Filiale fuhren in den Jahren um 1960 mit dem VW-Bus dorthin und tauschten – als letzten Gruß aus der alten Heimat – die gesparten D-Mark in Kanadische Dollar und US-Dollar um. Die Tauschtouren gingen auch in Richtung Hafen. Dort warteten die Passagiere auf den Frachtschiffen, um fremde Währungen zu kaufen. Seit 1962 fand der Tausch auch in der Filiale am Flughafen statt.

Kurz nach Einführung des Persönlichen Hypotheken-Darlehens (PHD) im Jahr 1968 war bereits eine rege Nachfrage nach Baufinanzierungen zu verzeichnen, allerdings überwiegend zu Instandsetzungszwecken der vorhandenen älteren Häuser. Im gleichen Jahr wurden auch die ersten ec-Karten ausgegeben und Persönliche Dispositions-Kredite zugesagt. Der Wettbewerb um neue Kunden war in vollem Gang. In Neubaugebieten verteilten die jüngeren Mitarbeiter und Auszubildenden Hauswurfsendungen, in denen die noch relativ kleine Dienstleistungspalette vorgestellt wurde. Immer noch gab es eine große Zahl von Sparschränken in Geschäften und Gaststätten, die zum Teil wöchentlich von der Filiale geleert wurden.

Die Kundenbasis der Filiale Bremen verbreiterte sich in diesen Jahren deutlich. Das Geschäft boomte. Eingerichtet wurde auch die Abteilung für Vermögensanlagen, die zunächst jedoch noch bevorzugt Bundesschatzbriefe und festverzinsliche Wertpapiere verkaufte. Nach verschiedenen

Werbung für einen Sparschrank aus dem Jahr 1968.

Produktinnovationen im Anlagegeschäft – 1973 der Sparbrief, 1974 das Ultimosparen – belebte sich ab 1980 das Aktiengeschäft deutlich. Die weltoffene Bremer Kundschaft zeigte auch zunehmendes Interesse an ausländischen Anlagen wie beispielsweise in den USA und Japan.

Wertpapierberatung in der Filiale Bremen im Jahr 1971.

Die Einführung des neuen Organisationsmodells (OM) 1975 führte auch im Privatkundengeschäft dazu, nach Kundenzielgruppen zu unterscheiden. Für die Ansprache der Standardkunden und der vermögenden Privatkunden entwickelte die Filiale schon damals unterschiedliche Strategien. Zudem wurden aufgrund der verbesserten technischen Möglichkeiten immer weniger Mitarbeiter für einfache manuelle Tätigkeiten benötigt. Der Zahlungsverkehr konzentrierte sich weitgehend in Bremen, in den 1990er-Jahren wurde er für den gesamten Bezirk nahezu vollständig in Hamburg abgewickelt.

Anfang der 1980er-Jahre wurden die Arbeitsabläufe weiter optimiert, die Kundenorientierung noch bewusster gemacht. Dies war auch die Zeit, in der eine deutlich zunehmende Wettbewerbsdynamik einsetzte, insbesondere bei den gehobenen Privatkunden. Auch bankfremde Unternehmen, wie Versicherungen, boten Finanzdienstleistungen an. In der Bank führte diese Entwicklung zu einer Produktvielfalt, die an die Mitarbeiter aufgrund der vielen Produktvarianten im Verkauf, aber auch in der administrativen Abwicklung hohe Anforderungen stellte. Als Stichworte seien hier nur genannt: Bausparverträge, Lebensversicherungen, Investmentfonds, sechs Baufinanzierungs-Bausteine mit verschiedenen Zusatzangeboten sowie Electronic-Banking-Produkte.

Die Filialbank im Strukturwandel

Ende der 1980er-Jahre war die zukünftige Organisationsstruktur der Deutschen Bank die zentrale Frage ihrer strategischen Planung. Der Kern der Bank war seit Jahrzehnten die Filialbank. In der alten Bundesrepublik ging die Regionalgliederung der Deutschen Bank in 14 Hauptfilialen weitgehend auf die politischen Strukturen der Nachkriegszeit zurück, die zur Aufteilung der Bank in zunächst zehn, später drei Teilinstitute geführt hatten. Die Hauptfilialen waren kleine, selbstständig bilanzierende Zentralen mit eigenen Abteilungen für Auslands- und Kreditgeschäft, für Personal, Organisation, Recht und Volkswirtschaft. Ihre Leiter hatten eine vorstandsähnliche Position inne. Über ihnen stand nur das für die Region zuständige Vorstandsmitglied. Dies war seit den 1970er-Jahren Eckart von Hooven, dem 1991 Jürgen Krumnow als Vorstandsdezernent für den Bremer Filialbezirk nachfolgte. Alle wichtigen Fragen – vom Organisatorischen bis hin zur Betreuung der großen ortsansässigen Kunden – konnten die Bremer Filialleiter mit ihren Vorstandsdezernenten besprechen.

Diese Grundstruktur der Bank geriet jedoch zunehmend an betriebswirtschaftliche Grenzen, denn sie benötigte viel Personal und sie wurde den Bedürfnissen der Kunden immer weniger gerecht. Die Kunden waren nicht mehr auf Deutschland konzentrierte Mittel- und Großunternehmen mit einem hohen Exportanteil, sondern sie agierten weltweit unternehmerisch mit immer größer werdenden Produktionseinrichtungen und selbstständigen Niederlassungen im Ausland. Die Produkte für diese Kunden wurden immer komplexer und benötigten die Beratung durch Experten, die häufig regional nicht verfügbar waren. Der Firmenkundenbetreuer in Bremen und in allen anderen Hauptfilialen benötigte zunehmend die Unterstützung von Kollegen in New York, Hongkong, Singapur oder London, um auf die Bedürfnisse großer Kunden angemessen reagieren zu können. Investmentbanken aus dem angloamerikanischen Raum drohten sonst dieses Terrain zu besetzen. Auf diese veränderte Nachfrage wollte die Bank reagieren, indem sie ihre Organisationsstruktur von einer regionalen auf eine nach Geschäftsbereichen gegliederte Präferenz umstellte.

Um die Strukturreform der Bank wurde Ende der 1980er-Jahre lange und intensiv gerungen. Erst Ende 1990 konnten zumindest die Geschäftsbereiche der Inlandsbank in zwei Unternehmensbereiche neu gegliedert werden: Privatkunden und Firmenkunden/Institutionen. Ein dritter Unternehmensbereich – Ressourcen & Controlling – übernahm diese Funktionen für die Gesamtbank.

Ende 1996 wurde eine neue Regionalstruktur der Filialbank im Inland eingeführt. Viele Verwaltungsfunktionen der Hauptfilialen wie etwa Personal wurden nun zentralisiert, die bisherigen 16 Hauptfilialen (zwei Hauptfilialen waren nach 1990 in den neuen Bundesländern hinzugekommen) in acht Regionen zusammengefasst. Diese orientierten sich wesentlich stärker an Strukturdaten der einzelnen Geschäftsbereiche. Dabei kam es jetzt zu neuen Gebietsaufteilungen, die für Privat- und Geschäftskunden einerseits und für Firmenkunden andererseits gänzlich unterschiedlich zugeschnitten sein konnten. Neben den bereits in den neuen Ländern bestehenden Regionen Nordost (Berlin und Rostock) und Ost (Leipzig und Dresden) kamen in den alten Bundesländern die Regionen Nord (mit Hauptfilialen in Hamburg, Hannover, Bremen und Lübeck), Nordwest (Düsseldorf, Essen, Bielefeld), West (Köln, Wuppertal), Mitte (Frankfurt am Main, Mainz, Saarbrücken), Südwest (Mannheim, Stuttgart, Freiburg) und Süd (München, Nürnberg) hinzu. Die Plätze Hamburg, Berlin, Düsseldorf, Köln, Frankfurt am Main, Stuttgart, Leipzig und München erhielten als wirtschaftliche Schwerpunkte der Regionen eine hervorgehobene Position in der neuen Organisationsstruktur der Deutschen Bank. Der Begriff „Hauptfiliale" blieb bestehen, doch bezeichnet er nun große Niederlassungen an einem Wirtschaftsstandort mit bedeutendem Marktpotential. Sie berichten an die regionalen Geschäftsleitungen.

Für die Filiale Bremen, die von der Größe und vom Geschäftsvolumen zum unteren Drittel der 16 Hauptfilialen gehörte, bedeutete diese Strukturreform jedoch, dass sie nach 125 Jahren der direkten Berichtslinie an die Zentrale ihren Status

Die Bremer Filialdirektoren Marc-Aurel von Dewitz (links) und Ernst-Wilhelm Contzen im Jahr 1996.

als Hauptfiliale verlor. Bremen gehört seither zur Region Nord mit dem Zentrum in Hamburg.

Parallel zu dieser Entwicklung wurden ab Mitte der 1990er-Jahre auch im Bremer Filialbezirk Standorte geschlossen beziehungsweise in reine Selbstbedienungsstellen umgewandelt. Technische Innovationen wie Geldautomaten, Kontoauszugsdrucker und Online Banking führten zu einem veränderten Kundenverhalten. Zugleich wurden viele Arbeitsprozesse von den Filialen in neu geschaffene Service-Center verlagert.

2016 wurde eine einheitliche Gliederung für alle Konzernbereiche in sieben Geschäftsregionen eingeführt. Die Filiale Bremen ist Teil der Region Nord.

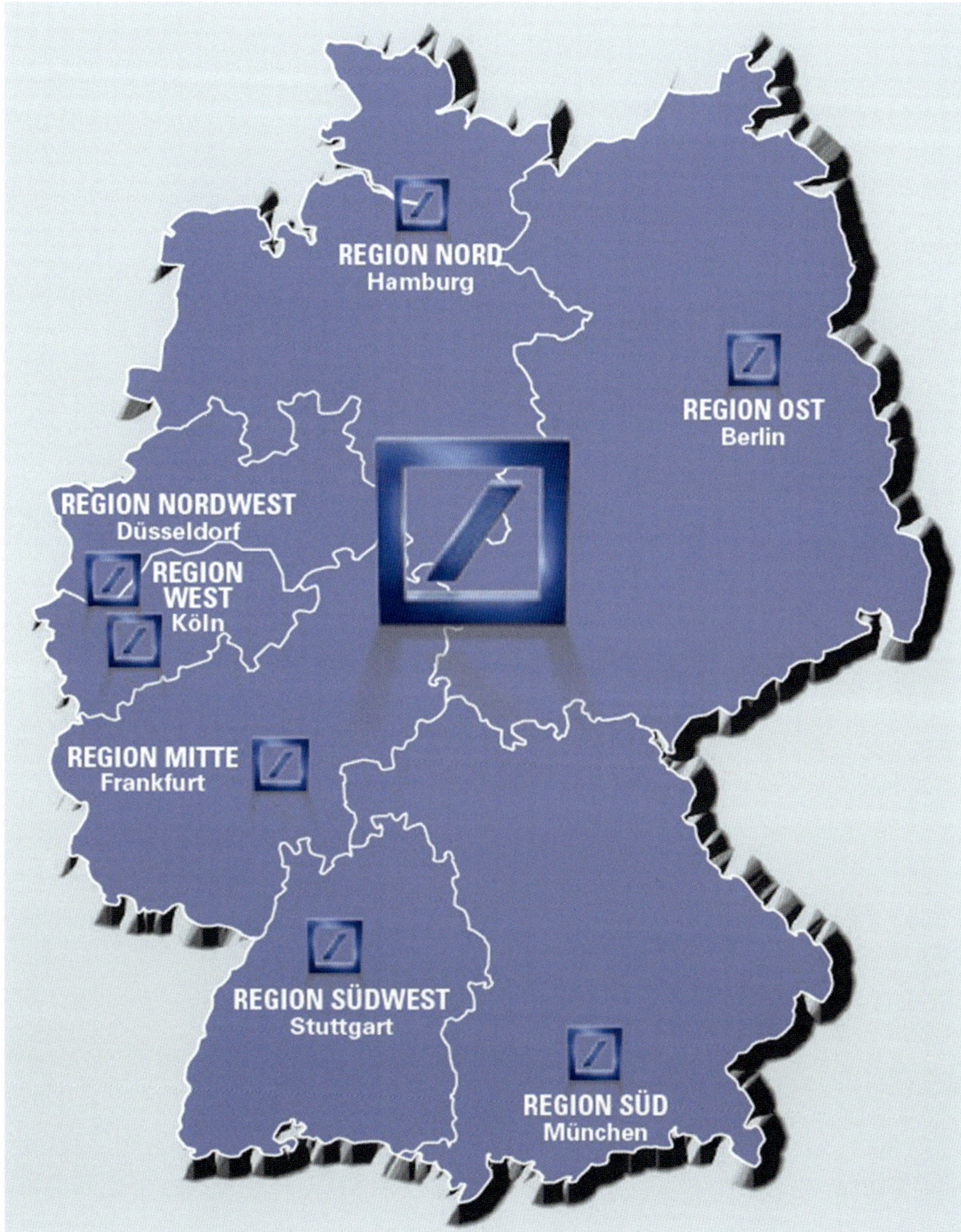

Ein Bekenntnis zum Standort Bremen: die Filiale am Domshof.

Nachdem es zwischenzeitlich zu mehreren Aufteilungen der Marktregionen innerhalb Deutschlands gekommen war, die sich sogar nach Geschäftssparten etwa im Privatkunden- oder Firmenkundengeschäft geografisch voneinander unterschieden, erlaubt eine Anfang 2016 über alle Geschäftsbereiche hinweg eingeführte Regionalstruktur wieder ein einfacheres und effizienteres Agieren. Sie gliedert sich in sieben Geschäftsregionen. Zur Region Nord gehören die Hansestädte Bremen und Hamburg sowie die Flächenstaaten Schleswig-Holstein und Niedersachsen.

Zu Veränderungen kam es nicht nur in der Filialorganisation, auch die von der Bank selbstgenutzten Immobilien wurden konzernweit umstrukturiert. 2003 entschloss sich die Deutsche Bank, 50 überwiegend selbstgenutzte Immobilien an einen US-Investor zu verkaufen. Dazu gehörte auch das 1891 errichtete Gebäude am Domshof in Bremen. Ziel war es, sich von Investitionen in Immobilien zu trennen, die nicht zum Kerngeschäft der Deutschen Bank gehören. Zugleich bekräftigte die Bank ihr Bekenntnis zum Standort Bremen, weshalb das Gebäude in einem sogenannten Sale-and-Lease-Back-Verfahren zurückgemietet wurde.

Deutlicher Ausdruck dieser Standortverbundenheit ist der jüngste Umbau des Hauptgebäudes am Domshof, der 2014 abgeschlossen wurde. Als Herzstück des neuen architektonischen Konzepts wurde mit dem sogenannten Cone ein frei stehender, runder Beratungsraum geschaffen. Der Beratung steht seither mehr Fläche im Vergleich zu den verwaltenden Tätigkeiten zur Verfügung. 80.000 Privat- und Firmenkunden wurden zu diesem Zeitpunkt von der Filiale Bremen betreut.

05

Ausblick der Geschäftsleitung

WELCOME TO
BIENVENIDOS EN
BIENVENUE A
BREMEN

Ausblick der Geschäftsleitung

„Historisch verankert – Der Zukunft verpflichtet!" Es ist schon etwas ganz Besonderes, in der ältesten Filiale der größten Bank in Deutschland arbeiten zu dürfen. Wir sind stolz auf unsere 150-jährige erfolgreiche Geschichte in Bremen, und wir wollen auch in Zukunft ein wertvoller Partner für die Menschen und die Wirtschaft in unserer Hansestadt sein.

Bereits bei ihrer Gründung hatte die Deutsche Bank 1870 in ihrer Satzung festgelegt, dass das Ziel „die Förderung und Erleichterung der Handelsbeziehungen zwischen Deutschland, den übrigen europäischen Ländern und den überseeischen Märkten" sei. Da lag die Gründung der ersten Filiale 1871 in Bremen, einem der Knotenpunkte des deutschen Handels, nahe. Im Jahr darauf folgten bereits die Gründungen von Niederlassungen in Hamburg sowie Yokohama und Schanghai. Seitdem ist die Internationalität und das internationale Netzwerk ein wesentlicher Bestandteil der strategischen Ausrichtung unserer Bank, die in einem so stark exportorientierten Heimatmarkt und einer globalisierten Welt von unseren Kundinnen und Kunden gesucht und geschätzt wird.

So passt das auf dem Giebel der Handelskammer zu lesende Sprichwort der Bremer Kaufleute „buten un binnen – wagen un winnen" unverändert auch zur Deutschen Bank. Aber so wie es einige Dinge gibt, die in einer traditionsreichen Stadt wie Bremen unverändert gelten, so haben sich über die Jahre im Bankgeschäft viele Dinge grundlegend verändert und werden sich weiter und beschleunigt verändern. Die derzeitige Corona-Pandemie verstärkt diese Entwicklung noch weiter. Der Kunde sucht zunehmend unterschiedliche Zugangswege zur Bank, sei es über Telefon, Online, Chat, Videoanruf oder in der Filiale. Über alle diese Kanäle können wir unsere Kunden kompetent beraten und bei ihren jeweiligen Themen begleiten. Eine Bank ist modern, wenn sie den Wünschen der Kundinnen und Kunden heute und morgen entspricht.

Zugleich steigen die Ansprüche an die Beratung sowohl im Geschäft mit Privat- und Vermögenskunden als auch dem Firmenkundengeschäft laufend. In einer vielfach vernetzten Welt gibt es viele Einflüsse, die es fortwährend zu berücksichtigen gilt. So wird der Berater zunehmend zum Risikomanager seines Kunden. Aber auch zukunftsgerichtete Themen wie nachhaltige Vermögensbildung (ESG-Anlagen) haben ihren festen Platz in einer umfassenden Beratung. Über eine zielgerichtete Beratung in diesen Themen fühlen wir uns der Zukunft verpflichtet.

Am Bankenmarkt Bremen hat es in den vergangenen Jahren eine Vielzahl von Veränderungen gegeben. Es hat Banken gegeben, die gekommen und wieder gegangen sind, Banken die verkauft

Die Geschäftsleitung der Deutschen Bank in Bremen im Jubiläumsjahr: Ludwig Blomeyer, Sabine Niemeyer und Peter König (v. l.)

oder fusioniert wurden. Die Deutsche Bank ist und bleibt in diesem Umfeld eine verlässliche Konstante für ihre Kunden.

Auch in Bremerhaven zeigen wir diese Konstanz. Unsere Filiale in der Schwesterstadt begeht in diesem Jahr ihr 100-jähriges Jubiläum. Gerade Bremerhaven steht mit seiner Geschichte der Auswanderer, dem Hafen und den wachsenden wissenschaftlichen Einrichtungen rund um die Meeresforschung für unser Motto „Historisch verankert – Der Zukunft verpflichtet!"

Die Hansestadt Bremen ist seit jeher bekannt für einen ausgeprägten Bürgersinn. Auch als Bank leisten wir hierzu seit vielen Jahrzehnten als Unternehmensbürger selbstverständlich und gerne unseren Beitrag. Dies geschieht in vielfältiger Form, sei es in den Bereichen Kultur, Soziales oder Wohltätiges, aber insbesondere auch durch unsere Mitarbeiterinnen und Mitarbeiter die sich privat in einer Vielzahl von Organisationen, Ausschüssen und Vereinen aktiv einbringen. Damit leisten wir einen Beitrag zum Gemeinwohl unserer Stadt. So freuen wir uns ganz besonders, anlässlich unseres besonderen Jubiläums der Kunsthalle Bremen aus der Kunstsammlung der Deutschen Bank drei Dauerleihgaben zur Verfügung zu stellen, die die wunderbare Sammlung des Museums hervorragend ergänzen werden.

Ein wesentlicher Grundstein für den Erfolg der Filiale Bremen über so viele Jahre hinweg sind die vielen engagierten und treuen Mitarbeiterinnen und Mitarbeiter. Die hohe Beratungskompetenz und das ausgeprägte Fachwissen werden von unseren Kundinnen und Kunden sehr geschätzt. Das wird uns immer wieder zurückgespiegelt.

Wenn wir in die Zukunft schauen, so brauchen wir weiter Mitarbeiterinnen und Mitarbeiter, die dieses Engagement und diese Kompetenz auszeichnet und damit weiterhin das Vertrauen der Kundschaft verdienen. Diese müssen den stetigen Wandel begleiten, aber vor allem auch mit gestalten. Denn der Wandel in der Bankenbranche wird mit Sicherheit weiter spannend und herausfordernd bleiben, nie wieder wird die Veränderungsdynamik so langsam sein wie heute. Daher freuen wir uns sehr, weiterhin Jahr für Jahr Auszubildende und duale Studierende für unseren Beruf begeistern zu können. Sie sind die Voraussetzung dafür, dass die Filiale Bremen auch in kommenden Dekaden ihre Kundinnen und Kunden verlässlich unterstützen und weiterhin kompetent beraten kann.

Bremen im Juni 2021

Ludwig Blomeyer
Sprecher der Geschäftsleitung
Deutsche Bank Filiale Bremen

Zu den drei Dauerleihgaben, die die Deutsche Bank aus ihrer Kunstsammlung an die Kunsthalle Bremen übergibt, zählt die Arbeit „Unschuld" (Öl auf Papier, 298 x 200 cm) des Malers Neo Rauch aus dem Jahr 2001.

Geschäftsleitung der Deutschen Bank in Bremen seit Gründung der Filiale

Georg Friedrich Krüger
1871 – 1886

Ferdinand von der Heyde
1871 – 1902

Eugen Eduard Krug
1887 – 1911

Max Grote
1903 – 1905

Alexander Freiherr von Rössing
1905 – 1931

Max Koepke
1912 – 1919

Max Uhlenhaut
1919 – 1928

Ferdinand Bultmann
1921 – 1928

Heinrich Focken
1929 – 1945

Adolf Schaeffer
1932

Reinhold M. Bartenstein
1935 – 1943

Manfred Oheimb von Hauenschild
1946 – 1956

Paul Witting
1949 – 1960

Franz von Bitter
1957 – 1961

Rolf Hansen
1961 – 1963

Peter Hartmann
1964 – 1993

Karl-Heinz Wessel
1964 – 1969

Hans-Henning von Bülow
1970 – 1975

Roland Bellstedt
1970 – 1992

Tessen von Heydebreck
1983 – 1989

Ernst-Wilhelm Contzen
1993 – 1996

Marc-Aurel von Dewitz
1990 – 1996

Gerhard Fischer
1996 – 2002

Mathias P. A. Pfeiffer
1996 – 2006

Günter Voltmer
1998 – 2002

Peter Bruhn
2002 – 2006

Martin Klinkhammer
seit 2002

Elmar Kausch
2006

Ralf Dammeyer
2006 – 2007

Ludwig Blomeyer-Bartenstein
seit 2006

Dirk Braun
2007 – 2013

Sabine Niemeyer
seit 2013

Peter König
seit 2019

Anmerkungen

1 Weser-Zeitung, 2.7.1871, zitiert nach Deutsche Bank Filiale Bremen. Ein Gedenkblatt zum fünfzigjährigen Bestehen 1871 – 1921, o. S. Die Weser-Zeitung erschien im Verlagshaus Carl Ed. Schünemann.

2 Vorläufiger Verwaltungsrat der Deutschen Bank an Bismarck, 8.2.1870, zitiert nach Karl Helfferich, Georg von Siemens. Ein Lebensbild aus Deutschlands großer Zeit, Bd. 1, Berlin 1921, S. 215.

3 Hermann Wallich, Aus meinem Leben, in: Zwei Generationen im deutschen Bankwesen 1833 – 1914, Frankfurt 1978, S. 124.

4 Ebd., S. 116.

5 Exposé Hermann Wallichs an den Verwaltungsrat über die zukünftige Geschäftstätigkeit der Deutschen Bank mit Organisationszweigen der Deutschen Bank (In- und Ausland), Oktober 1870, HADB, S4499.

6 Ausführlicher dazu Werner Plumpe, Im Zeitalter der ersten Globalisierung 1870 – 1914, in: Deutsche Bank. Die globale Hausbank 1870 – 2020, Berlin 2020, S. 27ff.

7 Zentrale Berlin (Mölle/Wallich) an Filiale Bremen, 14.3.1872, HADB, F1/167.

8 Handel und Schifffahrt von Bremen für das Jahr 1873, in: Preußisches Handelsarchiv, 12.6.1874, S. 497.

9 Börsen-Enquete-Kommission, Stenographische Berichte [über die Sachverständigen-Vernehmung], Berlin 1892, S. 294.

10 Siehe: Dittmar Dahlmann, Ludwig Knoop: ein Unternehmerleben, in: Dittmar Dahlmann / Carmen Scheide (Hrsg.), „… das einzige Land in Europa, das eine große Zukunft vor sich hat." Deutsche Unternehmen und Unternehmer im Russischen Reich im 19. und frühen 20. Jahrhundert, Essen 1998, S. 361–378.

11 Zentrale Berlin (Mölle/Wallich) an Filiale Bremen, 3.10.1871, F1/167.

12 Filiale Bremen an Zentrale Berlin, 8.5.1872, HADB, F1/166, Bl. 54.

13 Zentrale Berlin (Wallich/Koch) an Filiale Bremen, 4.12.1875, HADB, F1/167.

14 Zentrale Berlin (Wallich/Koch) an Filiale Bremen, 11.4.1876, HADB, F1/167.

15 Filiale Bremen an Zentrale Berlin, 16.6.1876, HADB, F1/166, Bl. 308f.

16 Plumpe, Im Zeitalter der ersten Globalisierung 1870 – 1914, S. 18–22.

17 Zentrale Berlin (Wallich) an Filiale Bremen, 25.6.1873, HADB, F1/167.

18 Zentrale Berlin (Steinthal/Koch) an Filiale Bremen, 24.9.1875, HADB, F1/167.

19 Filiale Bremen an Zentrale Berlin, 25.9.1875, HADB, F1/166, Bl. 265f.

20 Filiale Bremen an Zentrale Berlin, 4.1.1875, HADB, F1/166, Bl. 224.

21 Zentrale Berlin (Siemens) an Filiale Bremen, 22.2.1883, HADB, F1/167.

22 Protokoll der Sitzung des lokalen Aufsichts- und Ausschussrats, 25.7.1871, HADB, F1/162.

23 Protokoll der Sitzung des lokalen Aufsichts- und Ausschussrats, 5.12.1871, HADB, F1/162.

24 Protokoll der Sitzung des lokalen Aufsichts- und Ausschussrats, 16.9.1879, HADB, F1/162.

25 Zentrale Berlin (Siemens) an Filiale Bremen, 13.3.1874, HADB, F1/167.

26 Zentrale Berlin (Siemens/Steinthal) an Filiale Bremen, 5.10.1876, HADB, F1/167.

27 Zitiert nach Manfred Pohl / Angelika Raab-Rebentisch, Die Deutsche Bank in Bremen 1871 – 1996, München 1996, S. 33.

28 Ebd. S. 34.

29 Deutsche Bank (Mölle) an Filiale Bremen 12.1.1872, HADB, F1/167.

30 Filiale Bremen an Zentrale Berlin, 15.1.1872, HADB, F1/166, Bl. 18.

31 Karl Helfferich, Georg von Siemens, Bd. 3, Berlin 1923, S. 304.

32 Deutsche Bank Filiale Bremen. Ein Gedenkblatt zum fünfzigjährigen Bestehen, o. S.

33 Oskar Stillich, Soziale Strukturveränderungen im Bankwesen, Berlin 1916, S. 12.

34 Michalowsky an Oberleutnant Kurt Ulfert Grottkau, 7.7.1910. HADB, S4414.

35 https://www.bundesbank.de/resource/blob/615162/d55a20f8a4ecedd6d1b53e01b89f11c4/mL/kaufkraftaequivalente-historischer-betraege-in-deutschen-waehrungen-data.pdf (letzter Aufruf 19.5.2021)

36 Zentrale Berlin (Siemens/Koch) an Filiale Bremen, 4.11.1881, HADB, F1/167.

37 Deutsche Bank Filiale Bremen. Ein Gedenkblatt zum fünfzigjährigen Bestehen, o. S.

38 Deutsche Bank, Geschäftsbericht 1914, S. 10.

39 Julius Wilhelm Ropers, Vom Geldwechsler zur Großbank. Ein Rückblick auf die Entwicklung eines bremischen Bankhauses, Bremen 1937, S. 51.

40 Wilhelm Kaisen, Meine Arbeit, mein Leben, München 1967, S. 138.

41 Ebd., S. 139.

42 Gerald D. Feldman, Die Deutsche Bank vom Ersten Weltkrieg bis zur Weltwirtschaftskrise 1914 – 1933, in: Die Deutsche Bank, München 1995, S. 294.

43 Kaisen, Meine Arbeit, mein Leben, S. 139.

44 Max Domarus, Hitler. Reden und Proklamationen 1932 – 1945, Bd. 4, 4. Auflage, Leonberg 1988, S. 1869.

45 Protokolle der Direktorensitzungen 6. 10. 1936 und 30.8.1938, HADB, SG8/5.

46 Deutsche Bank, Berlin, an Filialdirektionen, 14.1.1938, HADB, P10562, Bl. 112f.

47 Zitiert nach unveröffentlichtem Manuskript „100 Jahre Deutsche Bank Filiale Bremen", S. 31, in: HADB, SG3/3e.

48 Außerordentliche Hauptversammlung der Deutschen Bank am 25. September 1952, mittags 12 Uhr, im Geschäftsgebäude der Berliner Disconto Bank Aktiengesellschaft, Wuppertal-Elberfeld, 1952, S. 12.

49 Carl-Ludwig Holtfrerich, Die Deutsche Bank vom Zweiten Weltkrieg über die Besatzungsherrschaft zur Rekonstruktion 1945 – 1957, in: Die Deutsche Bank, München 1995, S. 486.

50 Ansgar Werner, „Öffentliche Beglaubigung", in: Pohl / Raab-Rebentisch, Deutsche Bank in Bremen, S. 87f.

51 Wilfried Schaefer, „Abs kommt", in: Pohl / Raab-Rebentisch, Deutsche Bank in Bremen, S. 85–86.

Bildnachweise

Adobe Stock: 76/77 (blogue), 100/101 (Tanja)

Commerzbank AG, Historisches Archiv: 12

Deutsche Bank AG: 6, 103, 105

Deutsche Bank AG, Historisches Institut: 10, 13, 15, 16 (1–2), 30, 31, 34, 36, 37, 39, 43 (1–3), 44, 46, 48, 49 (1–2), 50, 51, 54, 56, 57 (1–4), 59 (1–4), 60, 61 (1–3), 62, 69, 70, 74, 80, 82, 84, 85 (1–2), 86 (Lutz Kleinhans), 87, 89, 91, 92, 93, 94, 96, 97

Hapag-Lloyd AG, Hamburg: 58

https://commons.wikimedia.org: 18, 23, 24/25 (Godewind), 65, 98 (Godewind)

iStock: 9/10 (eyewave)

Frank Pusch, Bremen; 52/53

Staatsarchiv Bremen: 11, 21, 27

Ullstein Bild: 66

Unsplash: Titel (Mark König)